图文古人生活

张世贵◎著

人民东方出版传媒
People's Oriental Publishing & Media
東方出版社
The Oriental Press

图书在版编目（CIP）数据

汉字 / 张世贵 著 . — 北京 : 东方出版社 , 2023.11
ISBN 978-7-5207-3087-7

Ⅰ . ①汉… Ⅱ . ①张… Ⅲ . ①汉字－研究 Ⅳ . ① H12

中国国家版本馆 CIP 数据核字 (2023) 第 105214 号

汉字
（HANZI）

作　　者： 张世贵
责任编辑： 王夕月
出　　版： 东方出版社
发　　行： 人民东方出版传媒有限公司
地　　址： 北京市东城区朝阳门内大街 166 号
邮　　编： 100010
印　　刷： 天津旭丰源印刷有限公司
版　　次： 2023 年 11 月第 1 版
印　　次： 2023 年 11 月第 1 次印刷
开　　本： 650 毫米 ×920 毫米 1/16
印　　张： 18
字　　数： 200 千字
书　　号： ISBN 978-7-5207-3087-7
定　　价： 88.00 元
发行电话：（010）85924663 85924644 85924641

总序

中国文化是一个大故事，是中国历史上的大故事，是人类文化史上的大故事。

谁要是从宏观上讲这个大故事，他会讲解中国文化的源远流长，讲解它的古老性和长度；他会讲解中国文化的不断再生性和高度创造性，讲解它的高度和深度；他更会讲解中国文化的多元性和包容性，讲解它的宽度和丰富性。

讲解中国文化大故事的方式，多种多样，有中国文化通史，也有分门别类的中国文化史。这一类的书很多，想必大家都看到过。

现在呈现给读者的这一大套书，叫作“图文中国文化系列丛书”。这套书的最大特点，是有文有图，图文并茂；既精心用优美的文字讲中国文化，又慧眼用精美图像、图画直观中国文化。两者相得益彰，相映生辉。静心阅览这套书，既是读书，又是欣赏绘画。欣赏来自海内外二百余家图书馆、博物馆和艺术馆的图像和图画。

“图文中国文化系列丛书”广泛涵盖了历史上中国文化的各个方面，共有十六个系列：图文古人生活、图文中华美学、图文古人游记、图文中华史学、图文古代名人、图文诸子百家、图文中国哲学、图文传统智慧、图文国学启蒙、图文古代兵书、图文中华医道、图文中华养生、图文古典小说、图文古典诗赋、图文笔记小品、图文评书传奇，全景式地展示中国文化之意境，中国文化之真境，中国文化之善境，中国文化之美境。

这是一套中国文化的大书，又是一套人人可以轻松阅读的经典。

期待爱好中国文化的读者，能从这套“图文中国文化系列丛书”中获得丰富的知识、深层的智慧和审美的愉悦。

王中江

2023年7月10日

前言

汉字，又称中文、中国字，别称方块字，是汉语的记录符号，属于表意文字的词素音节文字。它是记录并推动文化发展的重要工具，也是人们社会活动、历史事件和思想文化的重要载体。作为世界上最古老的文字之一，汉字已有六千多年的历史。中华优秀传统文化源远流长、博大精深，而汉字是中华民族传统文化的精髓，要想了解中华文化，就要了解汉字的起源与发展历史，以及它在中国人生活中所起的重要作用。

本书共有六个章节，分别从汉字的产生、中华书法源流、古代著名书法大家、旧符·新桃·对联、幽默的汉字和哭泣的文字六大方面介绍了汉字的内涵和外延，并配图二百余幅，方便读者以更立体、更视觉化的角度欣赏以汉字为内核的文化事物与文化现象。

要了解汉字，必须从汉字的起源说起。在没有文字的原始社会部落时代，为了解决单凭记忆和口耳相传而导致信息失真的问题，聪明的上古人类发明了结绳记事——以结绳的方式来记录信息。结绳记事不仅解决了部族记录信息的问题，还可用于治理社会和充当契约凭据，是“助记忆时代”的标志性产物。后来，刻契发展并代替了结绳记事，一是象形文字；二是指事字。象形和指事是中国文字发展的基础，也是中国文字长河中的两条最大的主流。之后，又迎来了“仓颉造字”这一神圣而具有划时代意义的事件。

随着历史的发展，象形文字逐渐向符号化发展演变，原有为数不多的象形文字已难以满足社会的需要，于是文字向指事、会意、转注、形声、假借，即所谓的“六书”发展演进。这在汉字的演进过程中是坚实的一步。

有了最初的文字形态，古人就想在特定的工具上刻下文字，由此产生了第二章中介绍的甲骨文、铭文、蝌蚪文、篆体、隶体、宋体、草体、楷书、行书等。第三章通过一个个名人逸事或民间传说，形象直观地介绍了汉字书法大家的趣闻典故，故事诙谐幽默且励志，可以让人从中体会妙趣横生的中华优秀传统文化和有志者事竟成的宝贵精神。

第四章、第五章和第六章分别讲述了汉字承载的两面性历史。汉字是诙谐幽默的，但也有使用不得宜时引发的

“文字狱”悲剧。通过这些事例，我们既可以全面地了解汉字文化，又可以辩证地看待汉字文化。

本书在讲述通俗易懂的故事基础上，夹叙夹议，蕴含事理，给人以启迪。作者还通过相关链接和注释文献的方式，拓展了概念介绍，进行了知识延伸，使之充满历史性、知识性和趣味性，有助于人们掌握汉字的基本知识，提高正确使用汉字和增强历史文化体认的能力和意识。

总而言之，汉字是中国人迄今为止持续使用时间最长的文字之一，也是自上古时期起各大文字体系传承至今的结晶，而汉字的故事更像一条连绵不绝的大河汇聚在中华儿女的心底，也将在未来继续推动中华文明的继承与创新。

目录

第一章 从结绳记事到汉字的产生

第二章 无价之“书”：中华书法源流

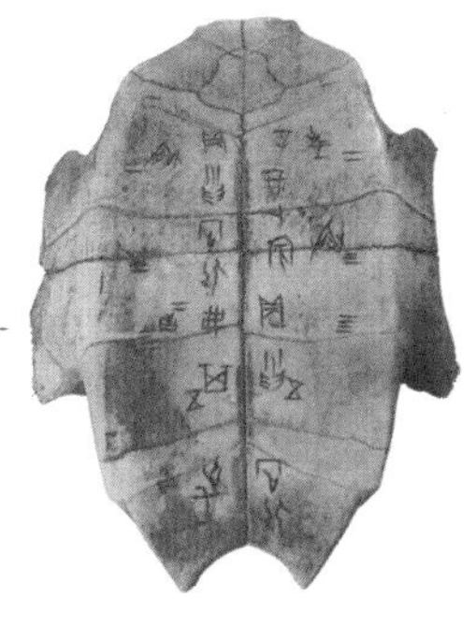

第三章 风流书者：古代著名书法大家

第四章 旧符·新桃·对联

第五章 幽默的汉字

第六章 哭泣的文字

第一章 从结绳记事到汉字的产生

文字的前身：结绳记事

在文字尚未产生的原始社会，所有的人都只会说话，不会读写。部落的大事小情都要先记住，再口耳相传，以完成人与人之间的信息交流和传递。但人们很快发现，单凭记忆和口耳相传，信息不仅会因时间的久远和个人的主观臆断而被遗忘失真，还会因为空间的限制而无法及时获取。于是，创造一种可以摆脱时空、超越时空、进行信息传播的信息记录方法，是人们面临的迫切问题。结绳记事就是创造文字前的一次伟大尝试。

结绳记事，是用结绳的方式来记录信息，这种记事方式被称为“最原始的备忘录”。据考古发现和文献记载，原始人类使用结绳记录信息的行为模式可以追溯到新石器时期。这种方式在那个时代的全世界范围内盛行。在我国，藏族、蒙古族、苗族、独龙族、瑶族、哈尼族、怒族、黎族、高山族、傈僳族、德昂族、基诺族、佤族、普米族等少数民族都曾有长时间使用结绳记事的历史[1]。

结绳记事始于结绳计数。在部落社会中，分工简单，生产力低下，饥饿是人类最大的敌人，人们每天最重要的事情也就是寻找食物。采集和渔猎是寻找食物的主要方式，获得食物与分配食物都与数量有关。最初人们会用脚趾和手指来计数，但很快发现不够用，就开始用小石子计数，但这些方法都具有局限性。

后来，人们发现结绳计数要方便得多。比如说，采集到一个苹果，猎杀一头野猪，杀死一个敌人，就在绳子上打一个结，表示数量“1”。这种计数方式在波斯国王大流士出征的故事中就有所体现，大流士想命令他的护卫队留下来，守一座桥 60 天。但是在当时，60 这个数是很大的，用手脚或者石子都很难清晰表达。聪明的大流士就拿了一根长长的皮带，用皮带打了 60 个结，随后对将士们说：“爱奥尼亚的勇士们，你们将目睹我出征塞西亚的重要时刻，从这一天起，你们每天解开绳子上的一个结，直到解完最后一个结那天，要是我还没有回来，你们就收拾东西，自己开船回去。”[2]

结绳计数能最大限度地表示数与物的特定关系，通常的做法是选用多种材质的绳子或将绳子染成不同颜色，来代表不同的事物，或者在绳

〔1〕 杨全照 . 我国民族地区原始统计计量记录行为散论［J］. 统计与信息论坛，2003，18（2）：92—96.

〔2〕 希罗多德 .《历史》（卷四）. 商务印书馆，2005.

子上拴一些特定的物件等。关于这个小技巧，南美洲的古印第安人（印加人）可以说是用到了极致，他们发明了一种名为“奇普”（quipu 或 khipu）的结绳计数法，可以将当时生产生活中所用到的几乎所有信息都详细记录下来。比如食物供应、子民的年龄、金银财产、羊毛产量、军队数目，等等。“奇普”是由一根母绳和垂挂于其上的子绳构成的。其中，母绳最粗，起到串联作用；子绳较细，负责记录信息。子绳上另外再加附属绳，附属绳上再系上附属绳，就像规制齐整的母根生出许多小根一样。复杂的奇普甚至可以挂 10—12 层附属绳，最大的奇普由约 2000 根绳组成。这样一根大型的绳子，可拉直可弯曲，便于阅读和保存，且不易出错。

“奇普”这种绳子的材质多为棉、羊毛、驼绒等，现存的大多都为棉质地。棉染有多种颜色，如白色、棕色、绿色等，古老的印加人还会把绳子染上更多颜色，用来表示更多的含义。比如，白色代表白银或和平、

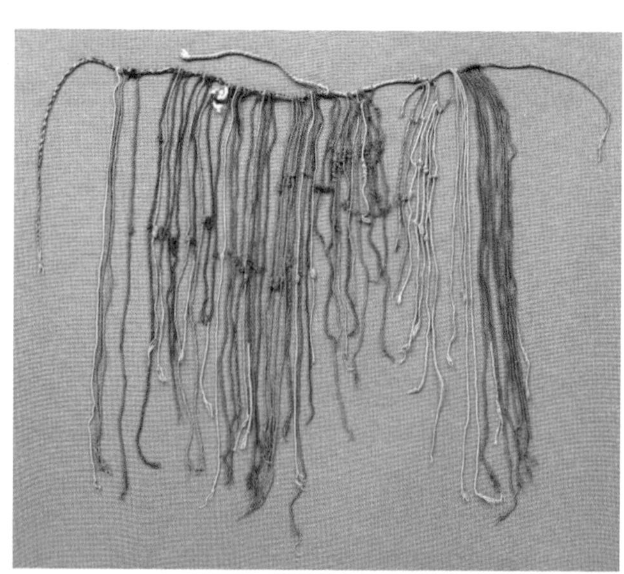

印第安人结绳记事

实物收藏于美国纽约布鲁克林博物馆

此处的图片来源于大英百科全书官网。印第安人称绳结为『奇普』，大约从公元前2500年开始使用，它由纺织绳和垂坠绳组成，不同的材料、打结类型、颜色、绳的长度、结的间距、厚度均代表不同的含义。

新石器时代的中国村落模型
收藏于美国菲尔德自然历史博物馆
河姆渡时期村庄模型，背景为油画。

黑色代表死亡或灾祸、绿色代表谷物、黄色代表黄金、红色代表士兵……不仅绳子颜色富于变化，而且结绳方式也多种多样，靠着单结、长结和八字等方式，“奇普”可以记录任意正整数。从这里不难看出，印加人的“奇普”不单单具有计数功能，已经向着记事的方向发展了。现存最大的“奇普”是一卷年历，除了能够将730根子绳分成24支，来对应两年中的730天和24个月外，还简要为两年内发生的大事做了标记[1]。

结绳记事除了上述功能，还可以用于社会的治理和充当契约凭据。在我国，对结绳以治的记录由来已久，《周易·系辞下》：“上古结绳而治，后世圣人易之以书契，百官以治，万民以察，盖取诸夬。”《庄子·胠箧篇》：“昔者容成氏、大庭氏、伯皇氏、中央氏、栗陆氏、骊畜氏、轩辕氏、赫胥氏、尊卢氏、祝融氏、伏羲氏、神农氏，当是时也，

〔1〕 Urton G. *Signs of the Inka Khipu* [M]. Austin：University of Texas Press，2009.

民结绳而用之。”这些史料无不说明结绳对于国家治理的重要性。但是，这些文献并没有系统说明结绳记事是如何发挥作用的。不过，我们可以从一些民族流传的风俗中，窥探一二。

我国的基诺族过去举行祭祀活动要征收祭品，每家每户都用一根结绳对应，如果村寨长老要征这家的两只鸡、3 筒米，就先打上一个双重结（两只鸡）和 3 个单结（3 筒米），征收一个物品就解开一个绳结，每家都必须交，绳结全部解开代表征收结束。除此之外，结绳以约也很常见。《九家易》曰：“古者无文字，其有约誓之事，事大大其绳，事小小其绳，结之多少，随物众寡，各执以相考，亦足以相治也。”云南哈尼族的先人们，过去进行买卖田地交易活动时，也用结绳来表示田价。在交易时，买卖双方各自拿一根结绳，很像现在收据的一、二联。我国的佤族也曾用结绳记录债务，高挂在墙上，如果是大结就表示 1，如果是小结就表示 1/2。绳子各个部分又可以代表不同的债务项目，比如，上部的结表示借债金额，中部的结表示年利息，底部的结表示出借了多长时间。再进阶一点，还可以用结绳的大小或位置的变化来表示不同的数位。如要表示“11”，就是在一条绳子上先打一个大结，再打一个小结。[1]

除了我国古代各民族的记事案例，外国人也有结绳记事的应用。古代波斯人使用一种名叫“圭布斯”的绳，把长短、颜色、粗细不同的绳子系到一根索子上，用它来计算家禽、粮食的数目，以及在战争中计算戍守期限等。其中，我们要注意的是绳子的各个位置表示事情的重要程度，越是靠近绳索上端的部位，表示事情越重要，这和我们现代的一些记事规律是一致的。古代秘鲁的印第安人当时“结绳”也有很多的一些

---

〔1〕 吴永章 . 南方民族原始记事法论略［J］. 中央民族大学学报：哲学社会科学版，1990（4）：39—43.

细节。比如，有 10 根木棒，在这些木棒上挂着很多长长短短的绳子，绳子上面分别打着许多结头，离木棒越近的结头，代表的事情越重要。如果结头没有染色，那就是表示数目：一个结表示“十”，两个结表示“百”，三个结代表“千”。

朱宗莱在《文字学形义篇》中说：“文字之作，肇始于结绳。”这是将结绳与汉字起源联系在一起的最早说法。古文字学家徐中舒在《结绳遗俗考》中谈道：“文字有取象于绳形者，或为屈曲之形，或为分股纠合之形，或为结绳之形。”经考证，在汉字漫长的历史发展过程中，甲骨文、金文等都是从结绳发展而来的。在甲骨文和金文中，“十”字明显代表绳子上的一个结，“廿”字就是绳子上的两个结，“终”字可看作绳子两头的结等。据《说文解字》记载：“世，三十年为一世。”可见，“世”字之所以这么写，是由结绳衍生的“卅”字略加变形而来的。由此可知，结绳是某些汉字造字的取象之源。

然而，结绳只是记事的一种方法，它还不具备形、音、义“三位一体”的功能，但不可否认的是，结绳记录的方式为人们传递信息方式提供了更多可能性，让信息的传递方式由有声语言发展到不受时空限制的方式，从听觉转向视觉，而后者为文字的发明提供了动因。

因此，结绳记事可以视为文字的前身。

刻契为约，以代结绳

除却“结绳记事”外，在诸多古籍中亦提及另一种与结绳类似的原始记事方法，即“刻契”。两者均被视为文字的前身，是“助记忆时代”的标志性产物。《周易·系辞上》说：“上古结绳而治，后世易之为书契。”[1]也就是说，在“书契”之前，别无文字或类似的东西。《说文解字·序》载：“神农氏结绳为治，而统其事。黄帝之史仓颉见鸟兽蹏迒之迹，知分理之可相别异也，初造书契。”[2]《尚书·序》

〔1〕 周易［M］. 北京：华夏出版社，2017：420.

〔2〕 杨树达 . 中国文字学概要［M］. 长春：吉林人民出版社，2014：1.

云：“古者伏羲氏之王天下也，始画八卦，造书契，以代结绳之政。”可见结绳早于刻契出现，刻契是结绳记事的发展并最终将其代替，二者始于文字之前，是文字的前身。

“所谓刻契，即在木片、骨片或玉片上刻上符号以记事。契其实就是一种刻木的行为，所以，所刻之木就是契。”[1]刻契的原始材料是木片、竹片、玉片、骨片、陶器等实物媒介，依材料不同，分别称为刻木记事、刻竹记事、刻玉记事、刻骨记事等，在这些实物媒介上刻画上一些缺口、锯齿、抽象符号等，以反映当时客观的经济活动及其数量关系。

马家窑文化蛙纹彩陶壶

收藏于甘肃省博物馆

马家窑文化是新石器时代晚期黄河上游文化，因最早现于马家窑遗址而得名，距今约5000—6000年，遗址主要分布在青海和甘肃地区。马家窑文化彩陶纹以蛙纹最为著名。

刻契主要有两种记事形式。第一，在各种实物媒介上，留下刻着的缺口、锯齿，或者通过简单的钻孔洞留下简单的符号或图形，这种符号通常代表了一定的数量经济。根据考古资料，出土于今青海柳湾，距今1.8万年前的马家窑文化中的山顶洞人就用禽类的腿骨当作工具，钻孔记事。1976年考古人员在乐都柳湾的原始公社墓地里发现了40片骨刻，这些骨片大小一致，经过加工打磨上面刻有不同的缺口，用

〔1〕周雪恒，倪道善，方新德，等．中国档案事业史［M］．北京：中国人民大学出版社，1994：3.

伏羲像

选自《帝王道统万年图》册　（明）仇英　收藏于中国台北「故宫博物院」

纵29.8厘米，横49.3厘米。伏羲上观天象，下察地理，观察山川鸟兽等万物的形象特征，根据天地间阴阳变化之理，创造了中国古代文化的秘密符号——八卦，即以八种简单却寓义深刻的符号来概括自然界中天地、水火、山川、雷电等万事万物的变化，而八卦中这些具有象征意义的符号即是中国古文字的发端。

来记录当时的经济活动及其数量。第二种记事形式是在实物媒介上刻画一些抽象符号，来客观反映经济关系和生产生活的数量关系。考古学中就有这样的例证典型，比如峙峪人，这些生活在新石器晚期的人类用动物骨片刻制划痕；属于仰韶文化距今 7000 年左右的半坡人利用陶器刻制符号。而同样的刻痕符号在上海马桥和崧泽、山东青岛、山东章丘城子崖、河北永年、陕西临潼姜寨、甘肃临洮马家窑、青海乐都湾、浙江余杭良渚等遗址都有发现。[1]

刻契是比“结绳记事”更进一步的记事手段，因而它也有记数的功能，如《释名》云：“契，刻也，刻识其数也。”但是，刻契在外在的形制结构、内涵深度，乃至社会文化意义等方面均领先于“结绳记事”。首先，虽然结绳和刻契都是借助外力，把记事延伸到了大脑记忆之外，但更加精细的划分是，“结绳只能作为一种实物性的符号，而刻契则已经带有书写的性质”[2]。其次，由于刻契固有的符号形式和物质形态赋予了其比结绳更加丰富的意义体系，使得它可以记录、传播更复杂的事件，展现了原始符号或图形与数码、实物计量单位的有效结合。此外，刻契已经暗含了朴素的“契约”性质，即“刻契为约”，它可以作为一种凭证，具有约束当事人义务与责任的效力。如将竹木板劈为两半，双方各持一半，并约定以木或竹齿的相互吻合作为凭据或验证。

除了在功能上存在沿袭和进步的关系之外，二者的性质和定位一致，都属于实物记事方法。但原始记事“毕竟都是标记和符号，只能帮助有关人们唤起对某些具体事物的记忆，不能表达确切、完整、抽象的意思……所有原始记事主要仍靠历史事实尚存贮在人的大脑中为

---

〔1〕 孙文杰 . 中国图书发行史［M］. 武汉：武汉大学出版社，2015：5.

〔2〕 刘卷 . 字体艺术设计［M］. 南昌：江西美术出版社，2014：4.

条件，这些记事方法只能帮助当事人记忆，不能成为普遍的社会交往工具”[1]。所以说，结绳与刻契的最终解释权还是在当事人手中，他们对于社会的意义也只在当事人或者特定群体里面显露，因此并不能成为一种特定的为公众普遍承认的方式，也不能满足日益复杂的社会生活需求。

“刻契为约”是一种传统的凭信手段（凭信指凭证、信赖、可信等意思），产生于文字诞生之前，但文字诞生之后还在使用，这一点，可以在古代和近代少数民族的文字发展史中得到印证。《北史》记载了突厥民族“无文字，刻木记事”的情况。[2]《隋书·突厥传》中有：“无文字，刻木为契。”《旧唐书·南蛮传》中说东谢蛮“俗无文字，刻木为契”。这种“刻契为约”的方法和习惯一直延续到近代。比如说，云南红河地区的哈尼族农民曾经还因为刻在木片或竹片上的缺口（也就是租金）不一致，而与地主争执。因为当时，每个缺口代表的数量是不一样的，一般是一个缺口代表一秤（即50斤谷子），有时也代表更大的数量。西南彝族在中华人民共和国成立前，除了用“结绳记事”外，还用“刻木记事”的办法来辅助记忆。

在木契上进行简单的刻划，主要目的是为了帮助和提示记忆，这种形式虽不能算作文字，但却比结绳记事更进一步。甲骨文、金文这些文字类型就是由刻契的原始方式进化而来的。所以说，刻契是文字产生的先兆。

关于中国文字的起源，有人说位于殷墟的甲骨文应是最早的汉字，但是这种说法并不精确。应该说，甲骨文这种文字系统已经相当成熟了，

〔1〕 周雪恒，倪道善，方新德，等. 中国档案事业史［M］. 北京：中国人民大学出版社，1994：4.

〔2〕 汪高鑫. 二十四史的民族史撰述研究［M］. 合肥：黄山书社，2016：50.

仰韶文化交错三角纹彩陶壶

陕西宝鸡北首岭出土

仰韶文化陶器

新石器时期中国黄河流域的彩陶文化，距今约70000年到5000年，首次发现于河南省三门峡市渑池县仰韶村。这一时期出土了大量的陶器。陶器是新石器时代文化最为显著的标志之一，陶器的发明和使用不仅改善了人类定居生活的条件，还推动了社会生产力的发展。当时的先民制作出了不同纹饰的陶制饮煮器和盛贮器。

仰韶文化晚期蛙纹彩陶壶

收藏于甘肃省考古所

仰韶文化鱼鸟纹彩陶壶

陕西宝鸡北首岭出土

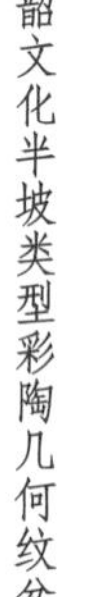

仰韶文化半坡类型彩陶几何纹盆

高16.4厘米，口径37.4厘米。

汉字的演变在它之前就已经有了一个很长的过程。要想追溯中国文字的起源，最早可以追溯到新石器时代，汉字的雏形就是那时候半坡人奠定起来的。

中国文字学家、历史学家唐兰曾说："最初的文字，是书契，书是由图画来的，契是由记号来的。"[1]大致来说，由绘画构成符号，这就是最早的文字，象形文字由此登上了历史舞台。象形文字是一种方便记忆的文字，具有沟通的作用。但那个时候，还没有纸张，原始人们就地取材，以骨刺、骨针等利器在陶器上刻画。在新石器时代的黄河中游，属于仰韶文化的半坡村遗址是一个比较完整的村落遗址。半坡村处于西安城的东郊，是黄河流域规模最大、保存最完整的母系氏族公社村落遗址，距今有6000多年的历史。半坡原始居民的居住方式是定居，他们以氏族或部落为单位建立村落，那是一个没有贫富差别的原始社会。20世纪50年代，考古工作者多次发掘了半坡遗址，从那里出土了大量的陶片和较为完整的陶器。半坡出土的陶器多为彩陶，间或有黑陶或灰陶，以生活用品为主，如饮食器、水器、炊器、储藏器等，形制各异，制作精美，以尖底瓶、人面鱼纹盆为代表。在长期的生活和生产实践中，半坡人已经开始了艺术创造，如绘画、雕塑、装饰品等，最重要的是还创造了具有文字性质的刻画符号，比如在少数陶器上刻有20多个种类110多个形状规则、笔画简单的用以记事的符号。可以说，这些符号是半坡先民也是中国最早的文字雏形。这些符号的位置不是随便刻画的，它们的刻画位置有着固定的模式，一般都刻在饰有纹饰的直口钵外口沿部分。这批出土的陶器上有的符号笔画比较简单，横、竖、斜、叉都有，最多见的是竖刻的一道直线，一般都是垂直端正的，共有65个。另外，还有10个"Z"形的符号，

〔1〕 唐兰．中国文字学［M］．上海：上海古籍出版社，2005：50.

有一个像字母“K”，还有一个像倒“A”形符号，以及一个在钵底上刻画的“米”字形符号。其余的符号则比较复杂，已经比较接近文字了。

有研究认为，这些当时用于记忆和传递生活信息的带有文字意义的符号，除了在陶器上面刻画的以外，一定还有其他的。这些符号虽没有特别指明的意义，也没有得到明确的破解，但无疑具有文字性质，可以肯定地说，这些刻画符号就是中国文字的起源。

此外，在临潼姜寨遗址，这个同属于仰韶文化时期的遗址，也发现了 42 种刻画符号，分别刻在 102 件陶器或陶片上。这些符号的笔画虽有 10 画以上，但并不复杂。不少学者认为，这些姜寨遗址发现的刻符文字和半坡遗址陶器上的刻画一样，都是中国文字的原始形态，是中国文字的起源。

在这类原始书契刻画中，主要有象形和指事两大符号类型，而象形和指事正是中国文字发展的基础，是中国文字长河源流中两条最大的主流，后来商代甲骨文、周代金文，都保留了以象形、指事为造字基础的特征，并沿用至今。可以说，陶器上的刻画其实和甲骨文、金文有着不可分割的渊源关系，这说明文字是约定俗成、为人所通用的文化流通符号，而甲骨文的基本成熟也就标志着文字记载历史的开始，文字的实用价值与艺术价值也开始显现。彩陶上的书契刻画其实还谈不上具有书法价值，但是它毕竟是文字的雏形，已经有了一定的笔触感和结构含意，是文字艺术孕育的胚胎，同时也为研究中国文字的起源提供了科学的实物依据。

文字既立，天为雨粟，鬼为夜哭

仓颉相传为上古黄帝时的史官，亦称史皇、皇颉、苍颉，据载他生而神圣，有四目。相传汉字为他所创。先秦诸子对他造字之说均有相关记载。如《韩非子·五蠹》中说："古者仓颉之作书也。"[1]所谓"作书"即指"造字"。《吕氏春秋·君守》也说："仓颉作书。"[2]只是这些说法都没有说明仓颉究竟是谁，一直到汉代，才出现了仓颉其实是一个史官的说法。司马迁说："仓颉，黄帝之史官也。"班固《汉书·古今人表》也说："仓颉，黄帝史。"东汉许慎《说文解字·序》云："黄

〔1〕 韩非.韩非子［M］.济南：山东画报出版社，2013：391.

〔2〕 廖名春，陈兴安.吕氏春秋全译［M］.成都：巴蜀书社，2004：216.

帝之史仓颉见鸟兽蹄迒之迹，知分理之可相别异也，初造书契。仓颉之初作书，盖依类象形，故谓之文。其后形声相益，即谓之字。文者，物象之本；字者，言孳乳而浸多也。”〔1〕唐张怀瓘《书断·古文》云：“案古文者，黄帝史仓颉创造也……仰观奎星圆曲之势，俯察龟文鸟迹之象，博采众美，合而为字，是曰古文。”〔2〕即说仓颉观鸟兽之迹，体类象形而制字，亦即象形文字。

后人将文字肇始之因归功于仓颉一人未必是史实，因为文字与社会相伴相生，是广大人民群众在生产劳动实践中的产物，是集体智慧的结晶。如《荀子·解蔽》所说：“故好书者众，而仓颉者独传者，壹也。”〔3〕唐杨倞注：“言古亦有好书者，不如仓颉一于其道，异术不能乱之，故独传也。”晋卫恒《四体书势》云：“昔在黄帝，创制造物。有沮诵仓颉者，始作书契，以代结绳。”“则仓颉外尚有沮诵。此皆作书者不止仓颉一人之证也。”〔4〕这些文字记载说明，仓颉在收集、整理、研究古文字方面做出了重大的贡献。

仓颉造字的地方据传在今河南省新郑市城南关凤台寺。古时候没有文字，人们结绳记事，此前很多有用的劳动经验只能靠长辈口述给下一代，既不够准确，知道的人也很少，具有一定的局限性，它不能把这些劳动经验永久地记录下来，让子子孙孙都能得到好处。在这个时候，轩辕黄帝经过思考后，让史官仓颉创造能够记录事物的方法，于是在洧水河南岸的一个高台上，仓颉开始潜心研究这件大事。然而道阻且长，这是一项重大而又前所未有的工程。他想了很久也没有进展，非常着急。

〔1〕 门岿．二十六史精要辞典：上册［M］．北京：人民日报出版社．1993：26.

〔2〕 张怀瓘．书段［M］// 庐佩民，黄林华，姜小青，等．泰州文献：第四辑．南京：凤凰出版社，2015：4.

〔3〕 荀况．荀子［M］．上海：上海古籍出版社，2010：252—253.

〔4〕 杨树达．中国文字学概要［M］．北京：北京联合出版公司，2015：1.

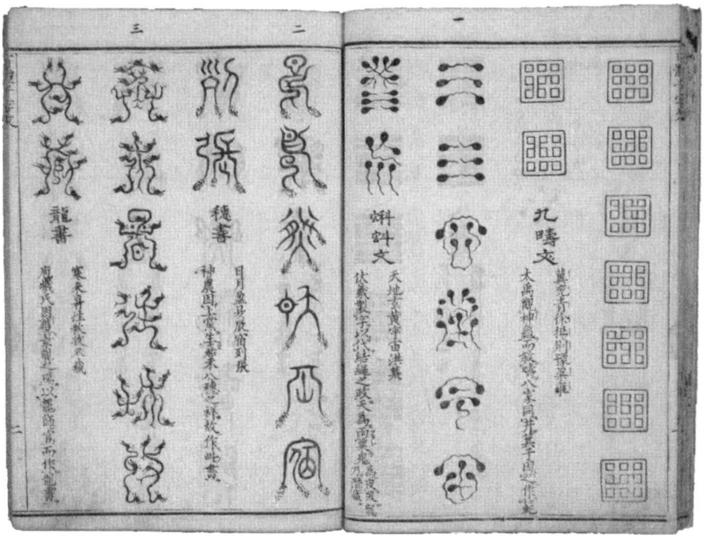

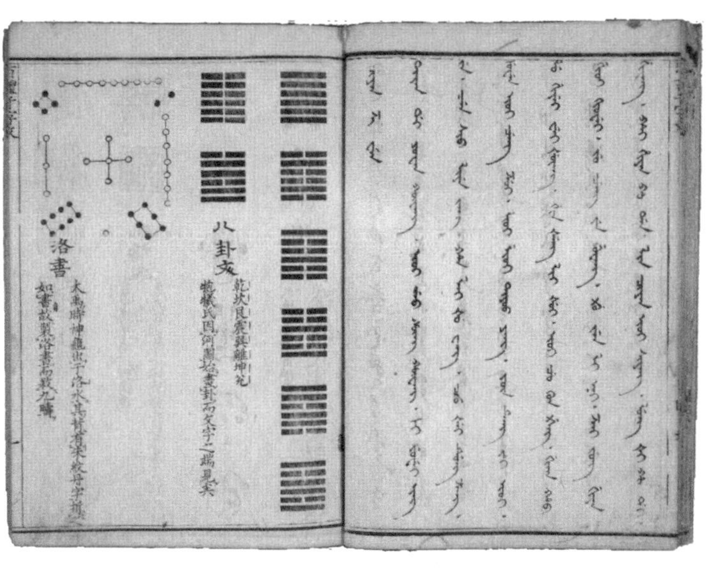

《历代圣贤篆书百体千文》清刊本（节选）

（清）孙枝秀/编

我国文字的起源很难追根溯源，历史上有各种关于文字起源的传说。此书是作者以周兴嗣『千字文』为本，汇集所见各体书法辑成。此处选取其中上古时期的传说文字，以供观赏，可见九寿文、蝌蚪文、穗书、龙书、八卦文、洛书等。

一天，仓颉路过树林，看到有几行野兽的脚印，他并不认识，于是坐在树林边上苦思冥想。这时，一位老猎人路过这里，看见仓颉发愁的样子，说道："不认识吗？这是貅的印迹啊。各种鸟兽的蹄痕爪印都不一样，我经常在这一带出入，只要一看地上的这些印迹，就知道是什么鸟兽经过。"仓颉恍然大悟：原来世上各种各样的事物都是有其特征的，抓住特征画出来，不就是造字的基础吗？他高兴万分，也顾不得和老猎人继续交谈，急急忙忙往家中跑去。

仓颉有个儿子，非常喜欢在地上画画。仓颉从外面回来时，正巧看到他的儿子蹲在地上，拿着小木棍又在画着什么。他走过去发现，儿子正在画一个圈。于是他问道："孩子，你在做什么呀？"儿子顺口答道："我在画太阳！"太阳？仓颉心中灵光闪现。儿子兴高采烈地应道："对呀，这就是太阳！"仓颉顿时豁然开朗：不如就让这个圆圆的圈来表示太阳吧！他又在圆圈的中心加了一个点，好让大家能更清楚地知道这种圈指的就是太阳。仓颉把这个符号叫作"日"。

他又在周围人那里验证了一下这种造字方法的可行性，发现根据物体的形状来记录事物的方法简便且方便记忆。于是仓颉一鼓作气，用同样的方法又创造了"月""水""山""田""火"等其他的字。

从此，仓颉更加留意观察事物的特征，根据事物的特征造出了山河湖海、鸟兽虫鱼、树木花草等很多象形文字，就这样，汉字诞生了。日子一天天过去，仓颉发现自己造的字不仅不够用，而且表意范围有限。比如上、下、河、从、休、哭等就无法用之前的方法表达。为了解决这个问题，仓颉又开始苦思冥想，一天天亮了，一轮圆圆的太阳从地平线上冉冉升起。他突然灵机一动，太阳出来了，不就表示"天亮了"吗？那么在"日"字下面加一横，不就可以了吗？

顺着这个思路，用两个或两个以上独立的字合起来，又可以表示一

仓颉像

选自《历代帝王圣贤名臣大儒遗像》册 （清）佚名 收藏于法国国家图书馆

仓颉造字是中国古代神话传说。相传，起初人们结绳和刻木记事，后来根据生产生活的需要，仓颉『始作书契，以代结绳』，被后人尊为『造字圣人』。

黄帝—轩辕氏像

选自《历代帝王圣贤名臣大儒遗像》册 （清）佚名 收藏于法国国家图书馆

少典之子，本姓公孙，因长居姬水，所以改姓姬，居轩辕之丘（在今河南新郑西北），因发明了舟车，故号轩辕氏，建都于有熊（今河南新郑），亦称有熊氏，因有土德之瑞，故号黄帝。中国上古部落联盟首领，五帝之首。

个新的意义，如“明”“伙”“北”“牧”“友”……

随着仓颉造的字越来越多，他发现了一个问题：比如像“水”字，与水有关的事物很多，江河湖海都是水，但这些复杂的事物却无法单用“水”字区别开来，不能准确地表达同一类事物的不同特点，怎么办呢？他想呀想呀，终于想到了一个好办法，那就是凡和水有关系的字都要一边加上“水”，而另一边则根据这些同类事物的读音，用已有的字来表示。那湖水就可以用“氵”和“胡”字来表示，写成“湖”，发“胡”音。这个方法一经应用，仓颉造字的速度也就更快了，很快造出了比以前多几倍的新字。

仓颉不仅用以上四种方法造出了汉字，还发明了两种使用这些字的方法。一种是两个字的意思相同或相近，那么可以用其中一个字来解释另一个字；还有一种就是借一个字的音，去替代那些读音相同但又是不同事物的字。部落里的人们用仓颉发明的这些字和用字法，把许多宝贵的生产经验和重大的事件记录下来，传播给了其他的部落，也传给了后世子孙。所以，如今我们才能在古老的龟甲、钟鼎、陶器、绢帛上看到先民的信息和历史的轨迹。

民间传说中，仓颉造出文字后，很受到黄帝器重，其他大臣也都纷纷称赞他，他的名声也就越来越大。慢慢地，他就骄傲了起来，造字的技术逐渐马虎起来了。黄帝知道后很不高兴，于是找到了部落里最年长的老猎人。老猎人沉吟了一会儿，便独自去找仓颉了。

那时，仓颉正在教各部落的人识字。这位老人默默地坐在部落人们座位的最后，和大家一起认真地听课。仓颉讲完后，其他人都离去了，这位老人偏偏还端坐在那里。仓颉认出他是曾经给过他造字启示的老猎人，就满心欢喜地上前询问：您为什么留在这里？老猎人说：“仓颉啊，我的眼睛已经花了，但是还想再认一点字，不知道你能不能再教教我？”

仓颉很高兴，便催他快说想学什么字。老人说：“你造的‘马’‘驴’‘骡’，都有四条腿吧？可是，牛也有四条腿，但你造出来的‘牛’字怎么只剩下一条尾巴呢？”

仓颉一听，顿时有点慌了。原来，他最近造字时，把“鱼”写成“牛”，把“牛”写成了“鱼”。这样粗心大意，仓颉自己也不好意思了，因为这些字已经教给各个部落了，改都改不了，他深知自己犯了大错，于是，他非常悔恨地向老人认错。老猎人急忙拉着仓颉的手说：“仓颉啊，你创造了字，使我们老一代人的经验能够一代一代地传下去，你真是做了一件大好事，功德无量啊！但是，你千万不能骄傲自大啊！”

从此，仓颉造字一点都不敢马虎，常一遍遍地反复推敲，还要拿去征求大家的意见，等到大家都说可以了，仓颉才确定下来，再传至各个部落。这样一来，文字就在人们中间流传开来。其实，文字是不可能在较短的时间里创造出来的，它的独立发展有着悠久的历史传统。尤其在原始社会这种生产水平和文化水平都比较低的时期，文字的产生更是经历了长途跋涉的艰难历程，而任何人都不可能有那么长的寿命去经历这么漫长的历程，因此仓颉独自造字之说其实是不准确的。从严格意义上来说，仓颉做的工作也只不过是一些归纳整理的工作。但是，这份整理的工作却有着重大的意义，因为只有对形体不一的文字进行整理，让文字有了规范，这样它才能有流传下去的可能。为了纪念“仓颉造字”之功，后人就记住了河南新郑县城南这个叫“凤凰衔书台”的地方，到了宋朝的时候，人们还在这里建了一座庙，取名“凤台寺”，用来纪念这位伟大的发明家和智者。

文字的诞生是一件开天辟地的事，仓颉对古代象形文字、表意文字、指事文字、图形都有着很高的造诣，他对这些早先文字进行了分析、总结、归纳、分类，经过不断修正变换和经久不衰的考验才将它们流传了下来。同时，仓颉造字也不免有一层神秘色彩。《淮南子·本经训》：“昔者苍颉作书，而天雨粟，鬼夜哭；伯益作井，而龙登玄云，神栖昆仑；能愈多而德愈薄矣。”高诱注：“苍颉始视鸟迹之文，造书有契，则诈伪萌生。诈伪萌生，则去本趋末，弃耕作之业，而务锥刀之利。天知其将饿故为雨粟。鬼恐为书文所劾，故夜哭也。鬼，或作‘兔’。兔恐见取毫作笔，害及其躯，故夜哭。”〔1〕清·李渔《闲情偶寄·器玩部·制度》：“苍颉造字而天雨粟，鬼夜哭，以造化灵秘之气泄尽而无遗也。”〔2〕意思是说，苍颉造字之后，百姓们忙着习字，而忘记了田里的庄稼，天神怕人间的百姓吃不上饭，所以降下了有粟粒的雨水，用以提醒和警示。又有人说，仓颉造字让所有的精灵鬼怪害怕自己做过的亏心事被记录下来，故恸哭于黑夜。无论是何种解读，均展现了文字诞生后产生的非凡历史意义。

---

〔1〕 刘安．淮南子［M］．上海：上海古籍出版社，2016：180—181.

〔2〕 后世典籍诗文亦有对引。如宋罗大经《鹤林玉露·甲编》卷三：“荆公《字说》成，以为可亚六经。作诗云：‘鼎湖龙去字书存，开辟神机有圣孙。湖海老臣无四目，谩将糟粕污修门。正名百物自轩辕，野老何知强讨论。但可与人漫酱瓿，岂能令鬼哭黄昏。’盖仓颉四目，其制字成，天雨粟，鬼夜哭。”清王昙《善才生二十五月矣，计识得二百五十余字，示以诗云》：“儿不闻，苍颉作字鬼夜哭，从此文人食无粟。”

造字之法：六书

中国汉字诞生之初，都是按实物摹写的，且摹写的都是人眼所能见到的实物，与绘画颇似，这些就是平常人们所说的图画文字或象形文字。但这样的文字，数量是非常少的，不能完全满足人们表达思想、传播信息的需要。随着社会的发展，象形文字逐渐发展演变，向符号化的文字演变，文字的构成方式逐渐向指事、会意、转注、假借发展演进。这样一来，文字的数量大大增加，可以更加丰富地表达人们的思想。汉字属于表意体系的文字，字形和意义有着密切的关系。

“六书”包括象形、指事、会意、形声、转注、假借六种组字法，是甲骨文被广泛应用后逐渐从中总结、归纳的有关汉字构造规律的理论。“六书”一词，始见于《周礼·地官·保氏》：“养国子以道，乃教之六艺，一曰五礼；二曰六乐；三曰五射；四曰五驭；五曰六书；六曰九数。”[1]据记载，周天子制定了一整套统治体系，其中的地官保氏就是掌管教育的官名，在他的任职范围内，就有用“六书”教授公卿大夫子弟的内容。贵族子弟八岁入小学，学习“六艺”即礼、乐、射、御、书、数，其中的“书”就是“六书”。

东汉班固《汉书》始列“六书”名目。《汉书·艺文志》：“《周官》保氏掌养国子，教之六书，谓象形、象事、象意、象声、转注、假借，造字之本也。”[2]郑玄《周礼·地官·保氏》注引郑众《周礼解诂》：“六书，象形、会意、转注、处事、假借、谐声也。”班固和郑玄两家对于“六书”虽然说得很清楚，但没有详细地描述，并且二人对于“六书”名称与次序的叙述略有差异。后许慎对“六书”的内容进行了详细解释，《说文解字·叙》：“《周礼》八岁入小学，保氏教国子先以六书。一曰指事，指事者，视而可识，察而可见，上下是也；二曰象形，象形者，画成其物，随体诘诎，日月是也；三曰形声，形声者，以事为名，取譬相成，江河是也；四曰会意，会意者，比类合谊，以见指撝，武信是也；五曰转注，转注者，建类一首，同意相受，考老是也；六曰假借，假借者，本无其字，依声托事，令长是也。”许慎对于“六书”的阐述与例证不仅是对其最早的定义，同时也是对后世影响最大的一个版本。许慎的说法也与班固和郑玄不同，但“根据唐兰先生的考证说，三家的说法都出自西汉古文经创始大家刘歆”[3]。

清代以后，人们大多使用许慎所列的“六书”名称，以及班固所列的“六书”次序，即象形、指事、会意、形声、转注、假借。“六书”最早被视为“仓颉造字”之法，但是其实并不是。“转注”“假借”实

---

〔1〕 周礼［M］. 长沙岳麓书社，1989：37.

〔2〕 班固 . 汉书［M］. 南京凤凰出版社，2011：106.

〔3〕 胡晓萍 . 汉字的结构和演变［M］. 长春：东北师范大学出版社，2015：36.

为用字之法，与造字无关[1]。清代学者戴震指出："指事、象形、形声、会意四者，字之体也；转注、假借二者，字之用也。"也就是说前四者才是造字法，后二者是用字法。这涉及对"转注"和"假借"的理解。戴震的学生段玉裁认为，"转注"即为"互训"，如《说文解字·老部》以"老"释"考"，以"考"释"老"，"考者，老也"，"老者，考也"。按照段玉裁的理解，"转注"是一种解释、使用同义字的方法："注者，灌也。数字展转，互相为训，如水相为灌注，交输互受也。转注者，所以用指事、象形、形声、会意四种文字者也。数字同义，则用此字可，用彼字亦可。"所谓"建类一首，同意相受"，即将属于同一义类、可以互训的字（同义字）归在一起，以某一字来统其义，如《尔雅·释诂》："初、哉、首、基、肇、祖、元、胎、俶、落、权舆，始也。"就是将一系列可以互训的字用"始"来统其义。"转注"说的是同义字，"假借"则是说的同音字，一些事物有名无字（这一现象，古今相同），取同音字来表示，"依声托事"，这就是假借。

有人认为"假借"是古人写的错别字，这种说法是错误的。有"指事""象形""形声""会意"四法，就有了独体之"文"和合体之"字"，即文字；而有"转注"一法，则有多字同义的现象；有"假借"一法，遂有一字多义的现象。这些在原来属于"小学"的基本知识，汉代以后却成为专家之学。

象形是形成汉字的最早方法，它是用线条将要表达的事物外形加以勾画，从而创造出最原始的文字，例如："日""月""水""火"等。远古人类观察事物和生活实践的过程中，认识到事物的本质，勾勒出线条图形，用以记录，比如"日"字，拿一个圆圆的圈来表示人们天天都

〔1〕 许嘉璐.传统语言学辞典［M］.石家庄：河北教育出版社.1990：251—252.

▶1. 武童步射图　选自《中华武科试实则》

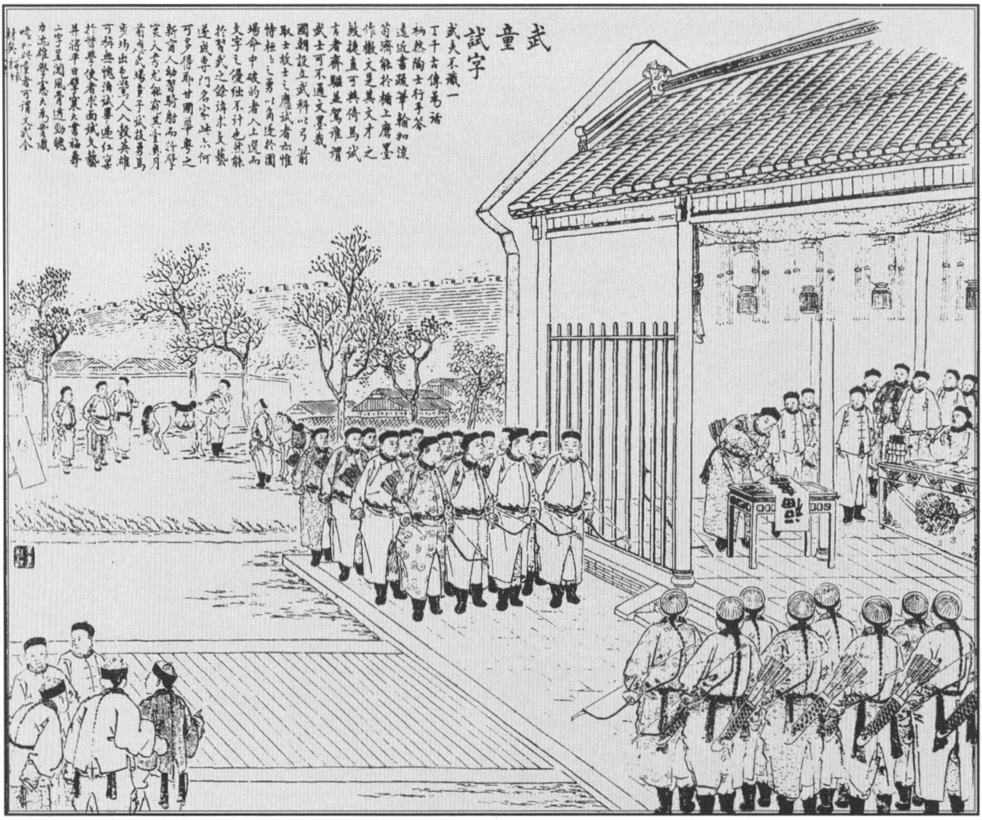

▶2. 武童试字图　选自《吴友如画宝》

武童试

图为武童试的各类考试场景。清代满、蒙、汉八旗童子应试前，由兵部奏请钦派两位大臣视阅马射和步射，不合格者除去资格。考察的是礼、乐、射、御、书、数六艺之『射』。

看到的太阳，又在圆圈的中心加了一个点，这样这个字就被造出来了，大家更能清楚地知道这种圈指的就是太阳。这种方式造出来的字非常容易辨认，而且便于书写。于是，远古人类就根据各种事物的特点造出了日、月、手、山、鸟、虫、鱼等很多象形文字。

象形字是以图画为基础的，在原始社会，图画常常是通过画一样东西或是一件事情，告诉别人或是帮助自己记忆，而不是简单表示一个概念，更没有固定的读音。直到图画表示的概念固定了，线条简略了，成为形象化的符号，有了一定的读音，才成为文字。

指事是指字是由象征性的符号构成的，如上、下、刃等。远古人类发现，在已有的字上加一些笔画可以表示一些比较抽象的事物或概念。

象形字是字不够表达抽象的意思，但能够容易看出的造字方法，但当古人发现这些字日益不够用时，便创造了另一种造字法——会意。

会意就是借用“象形字”加上一些符号，或用不同的象形共同来表达一个抽象的意思。如“休”“林”“磊”“歪”等都是用会意的方式被创造的。

象形字和会意字是不能读出声音的，但是能从字形上看出字的意义。然而人们在使用时往往不能够准确地区分出同一类事物的不同特点，像同样和“水”有关的江、河、湖、海却不是完全相同的，同样和“脚”有关的踩、践、踢、跑、跳、踱、跺也是各有特点，怎么表达清楚呢？

形声字。古人根据前人的造字原则，想到了一个办法，那就是凡和水有关系的字，就在其一边加个“氵”，而这个字的读音就用另一边同类事物的读音代表，比如，湖水就可以用“氵”和“胡”字来表示，写成“湖”，发胡音。同样，“足”和“包”合成的“跑”字，发“包”音；“足”和“朵”发“朵”音，合成个“跺”字；“爸”字是表音的“巴”字和表形的“父”字的结合；“芭”字是由“巴”和“艹”搭配而成……这

明代骑射图与步射图

选自《三才图会》 收藏于日本东京国立国会图书馆

明朝武科考时间比较晚，而且重弓马。考试时，初考骑射，二考步射，三考策论。至崇祯四年（1631年）辛未科，在骑射、步射的基础上增加了刀石考试，这便是『弓刀石马步箭』。

就是形声法造字。把表示意义的形旁和表示读音的声旁搭配起来，能组成很多新字。据统计，形声字占汉字的90%左右。这一方法促进了汉字文化思想内核的形成，也延伸了汉字的发展脉络。

转注就是两个意思一样的字，彼此互为注释，但是写起来是不同形状。如“考”“老”二字，古时“考”就是“长寿”的意思，二字同义，即所谓“老者考也，考者老也”。苏轼《屈原塔诗》有“古人谁不死，何必较考折”一语，其中的“考”就是“老”的意思。这类字称为转注字。

假借字，具体来说就是一个字就当两个用。原来可能没有这个字，但是为了要表达一些新的含义，而借用了一个字。即所谓“本无此字，依其托事”。如借用当小麦（古意）讲的“来”字，作来往的“来”；借用当毛皮讲的“求”字，作请求的“求”，都是这类情况。

汉字构成的“六书”之说，是古代文字学研究者对汉字构成进行分析、归纳而得出的字学理论，它是在文字发展史上长期实践中逐渐演化而成的卓越成果，是集体智慧的结晶。《史记》云：“太昊德合上下，天应以鸟兽文章，地应以龙马负图，于是仰观象于天，俯观法于地，中观万物之宜，始画八卦。卦有三爻，因而重之，为卦六十有四，以通神明之德。作书契，以代结绳之政。书制有六，一曰象形；二曰假借；三曰指事；四曰会意；五曰转注；六曰谐声。使天下义理必归文字，天下文字必归六书。”[1] 所谓“天下义理必归文字，天下文字必归六书”，即指仓颉造字让人类混沌的思想归于理性、清晰，天下的经史、理法都有影可循，而“六书”则让文字井喷般发展，且有据可循，书写体系也日趋完善。如果说，文字的诞生是人类叙事和表达的进一步延伸，那么“六书”的创制则意味着书写方法和理论的精进，足见“六书”在我国文字学和文明发展史上的地位与价值。

---

〔1〕 李贽．史纲评要［M］．北京：中华书局，1964：5.

相关链接

陶尊文字

距今6000年到4500年前的山东大汶口文化遗址，是新石器时期的典型文化遗存，它与长江流域的河姆渡文化一起，被视为中华文明的起源。据考古学家初步断定，在大汶口文化遗址中发现的陶文，是中国已知最早的文字雏形。

在山东发现的这种文字，被考古学家称为“大汶口文化的陶尊文字”。截至目前，他们已经完全辨认出“凡”“南”“享”“斤”等几个字，与世界上其他民族原始文字产生的过程类似。山东莒县出土的“陶尊文字”也是一种宗教性的祭祀符号，它的创造者是曾在此地聚居的太昊部族。

在中国历史上，这个部族最早产生了一年有四个季节的概念，他们经常在春季燃火祭祀太阳，大汶口出土的陶文便是实证。在对甲骨文和陶文进行比较研究后可以发现：这两种文字

太昊伏羲氏像

选自《历代帝王圣贤名臣大儒遗像》册（清）佚名 收藏于法国国家图书馆

东方之神，主司春。太昊和伏羲，原指两人，一个是上古天帝，一个是上古三皇之一，后人将二者的形象和神话传说融合在一起，加以合并，于是东方青帝多指太昊伏羲氏。

中间虽有缺环，但从字形上来看，陶文完全可以视为甲骨文的雏形，即甲骨文是从陶文演变而来的，而且在字意上也是一脉相承。

据历书记载，太昊部族后来曾大量向南、向西迁徙。20世纪90年代以后，考古工作者又在安徽、浙江等省相继发现了一些非常类似的“陶尊文字”。这些考古新材料的发现，使学者们对于“陶尊文字”的认识逐步趋于一致。这些文字都被刻在巨型陶尊外部的显著位置上，有的刻文上还涂有比较鲜艳的朱红色，带有庄严和神秘的色彩。在笔画上，这些字造型规整、笔画精练，很讲究对称。作为文字，“陶尊文字”已经是一种比较成熟的组合体，并且还有繁体和简体之分。正是这些原始文字，为两三千年后的甲骨文和金文的发展与完善打下了很好的基础，并从侧面反映了中国古代文明已经发展到了一个相当高的水平。

第二章

无价之『书』：中华书法源流

从『龙骨』到『甲骨』：发现甲骨文始末

“龙骨”一词出自《神农本草经》，是一种中药，又名花龙骨。它是古代大型哺乳动物如象类、犀牛类、三趾马类等的骨骼化石。[1]唐代苏敬《新修本草》卷一五记载：“龙骨，今并出晋地，生硬者不好，五色具者良，其青、黄、赤、白、黑，亦应随色与腑脏相会，如五芝、五石英、五石脂等辈。而《本经》不论，莫知所以。”

---

〔1〕 李经纬，余瀛鳌，欧永欣，等．中医大辞典［M］．北京：人民卫生出版社，1995：444—445.

“龙骨”泛指脊椎动物骨骼和牙齿化石，它从一种中医范畴的中药材料，逐渐演变为一种古老文字的载体，其中经历了一个颇具传奇色彩的过程。清朝国子监祭酒王懿荣是金石学家，精研铜器铭文之学，有一次身患疟疾，就用药店配来的“龙骨”煎药，在煎药的过程中，和朋友刘鹗偶然发现龙骨上刻有与金文相似的文字。王懿荣觉得此事蹊跷，不敢轻易下什么结论。他不顾自己尚在卧病中，一头埋进这些“龙骨”当中，开始细心研究，终于从《周礼·春官》中发现，龙骨是一种记录古人占卜的龟甲。此后，王懿荣又从这些骨头里找到了几位商代君王的姓名，对照《史记·商本纪》里的记载一看，竟然完全吻合。于是，王懿荣才赶紧跑去药铺追本溯源寻找龙骨的出处，并将字迹鲜明的龙骨全部买下。

《华北日报·华北画刊》第 89 期《龟甲文》一文曾记载了王懿荣发现甲骨文的过程。文章记载：“光绪戊戌年（二十四年），丹徒刘铁云，鹗，客游京师，寓福山王文敏懿荣私第。文敏病服药用龟板，购自菜市口达仁堂。铁云见龟板有契刻篆文，以示文敏，相与惊讶。文敏故治金文，知为古物，至药肆寻其来历，言河南汤阴安阳，居民掘地得之。辇载衙粥，取直至廉，以其无用，鲜有问者。唯药肆买之，云云。铁云遍历诸肆，择其文字较明者，购以归。计五千余枚。文敏于次年殉难。铁云以被弹劾，戍新疆，遇赦归。至癸卯岁，乃以龟甲文之完好者千版，付石印行世，名曰《铁云藏龟》，此殷墟甲骨文字发见之原由也。藏龟行世。瑞安孙中容先生，以数月之力，尽为之考释，著《契文举例》一书，甲辰书成。于是学者始加以研治。今则甲骨日出不穷，治之者亦不乏人。法日二邦，皆有专门研究者，为我国古代文化上之一重大事件。世人当注意也。”〔1〕

王懿荣“多方求购，不到一年，搜集甲骨原片一千余件，引起学界

---

〔1〕 汐翁 . 龟甲文［N］. 北京：华北日报华北画刊，1935：89.

▲安阳殷墟甲骨坑

殷墟出土的带有文字的甲骨有十多万片，连同其他器物的铭文，约有单字四千多个。

甲骨文

甲骨文是中国的一种古老文字，又叫“卜辞”“龟甲兽骨文”等，是目前中国已知最早的成熟汉字，最早出土于河南省安阳市殷墟。中国商朝晚期皇室，用于占卜或记大事。

远古先民认为通过祭祀可以得到祖先和神灵的庇佑，他们把占卜的结果视为与神灵先祖在心灵上的沟通，以此获得告诫和提醒。在祭祀典礼上，他们将龟甲扔至火中烤，龟甲会发出噼啪声，并且龟甲上会产生裂纹，人们根据上边的纹络进行占卜。在古人眼中，乌龟代表长寿，意味着见多识广，预知吉凶。乌龟是传说中上古四神兽之玄武，并且“玄武”音通“玄冥”，“武”即“黑”，“冥”即“阴”，古人认为乌龟能和阴界相通，能够带回祖先的指引和帮助，所以占卜时会用龟甲。本页和下页所选甲骨文图均收藏于中国台湾“中央研究院”历史语言研究所。

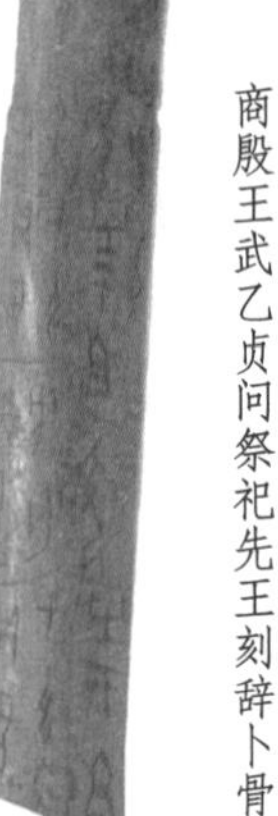

商殷王武乙贞问祭祀先王刻辞卜骨

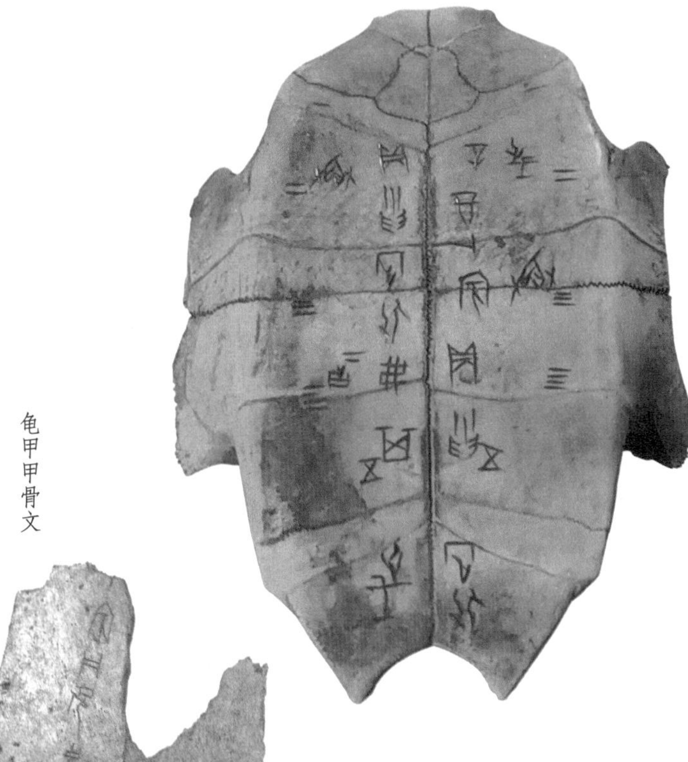

龟甲甲骨文

长 16.3 厘米，宽约 12 厘米

龟甲甲骨文

商代，宽 3.2 厘米

兽骨甲骨文

最长 7.6 厘米，最宽 7.95 厘米重视，于是始有殷墟的发现”[1]。王懿荣收购的龙骨有很大一部分是从古董商人那里购得的，最早送甲骨给王懿荣的一个古董商就是山东人范维卿。《潍县志·人物艺术卷》中记载：“范春清，字守轩（一名寿轩），好贩彝古器，与弟怀清游彰德小屯，得商爵，次年夏往，屯人出龟甲相视。春清以钱千购回千片。出京师，谒王懿荣，见之惊喜不置，曰：‘君真神人也，何处得此？’以厚值偿之。春清家小康，有田十余亩，以好购器，荡其产。懿荣及刘鹗、端方诸公皆重之，而甲骨文始现于世。”[2]

甲骨文字出现于商朝后期，一般刻在龟甲、兽骨之上，其内容多为“卜辞”或“记事辞”。殷商时期，人们认为甲骨上的纹络代表了事物的吉凶。古人占卜完毕后，会将占卜的时间、人名、所问事情、占卜结果和事后的验证刻在甲骨上面，甲骨文由此而来。甲骨上的文字，有刀刻的，也有朱书墨书的。刀刻的甲骨文有的填满朱砂，其字体与现在不同；朱书墨书的已难以辨认。据统计现已发现的甲骨文字有四五千个。经过文字学家和考古学家们的分析、判断，能够辨认的甲骨文已将近两千字。这些甲骨文，多为象形文字，多是从图画文字中演变而成的，许多字的笔画由于过于繁复，近似于图画，异体字较多。这也说明中国的文字在殷商时期尚未统一。另外，甲骨文中已经出现了假借、形声等造字方法，这说明文字的使用已经有了相当长久的历史。

正是王懿荣的偶然发现，使得“龙骨”从中医范畴内的中药材料被正式认定为一种古文字。甲骨文的发现对于汉字形成和演变的研究有着重要意义，同时也极大地拓展了我国文字学和古代史学的研究领域。

---

〔1〕 陈建初，吴泽顺．中国语言学人名大辞典［M］．长沙：岳麓书社，1997：751.

〔2〕 吕伟达．王懿荣发现甲骨文始末［J］．殷都学刊，.2009（03）：7—11.

青铜器与铭文

“铭文就是商周时期的铜器上所刻有的文字。短的文字几十，长的有五百。在铭文中有赏赐、赠送及交换土地的记录，也有赏赐奴隶和生产资料，社会某些政治制度及生活习俗等方面的记载。”[1]商周时代，随着冶炼技术的发明，青铜器应运而生。那些王公贵族为了彰显自己的身份，并以重器祭神求保佑，便会制作一些钟、鼎之类的青铜器，并在上面铸字铭文。继甲骨文之后，这类文字是出现的又一汉字书体，由于这种文字多铸于各种青铜器上，故称为金文、钟鼎文或青铜器铭文。到目前为止，人们所见到的最早的带有铭文的青铜器，为商代中期以后所用之物，铭文的字体与甲骨文比较接近，字数也比较少，如“妇好”之类，主要是用来表明古代氏族的族徽、人名等。到了商朝末年，出现了

〔1〕 门岿 . 二十六史精要辞典：上［M］. 北京：人民日报出版社，1993：110.

比较长的铭文，铭文的内容大多是因为某贵族受了封赏，继而为祖先做一个纪念性的青铜器，并用于祭神祭祖先。比如，在安阳后岗祭祀坑出土的戍嗣子鼎，它“口沿外折，立耳稍外倾，下腹略鼓，圜底，下置柱足，口沿下饰虎耳兽面纹一周，腹内壁铸铭文三十字，记载商王赏赐戍嗣子贝二十朋，戍嗣子为其父癸作鼎。藏中国社会科学院考古研究所”〔1〕。这只鼎也被看作是商朝铭文最长的青铜器。

如果说商代的时候，金文的字体接近甲骨文，并且字数少，不整齐，那么从西周开始，金文的铭文不但字数增多，变得整齐，内容也相当丰富。例如，清朝道光年间在陕西岐山出土的大盂鼎，“口沿外折，方唇，立耳，垂腹圜底，下置三足，形制庄严，是现存西周时代的大鼎之一。口沿下饰曲折角兽面纹一周。腹内壁铸铭文二百九十一字，记载周康王二十三年对大臣盂的一次册命。内容分两段。前段为康王追述文王受天命、武王得天下后，命其臣属节制饮酒和重视祭祀，故得天之保佑。而商朝野皆酗酒，以致亡国。后段为康王命盂承嗣南公，协理兵戎，慎处讼罚，辅佐王室统治天下。并赐盂以鬯酒、命服、车马和盂祖南公的旗帜，以及各种奴隶一千七百余名。盂为嗣祖南公铸鼎以记事。”〔2〕

西周中期以后，族氏铭文已经不多见了，更多出现的是长篇铭文，内容多趋于格式化。在春秋战国时期，铭文的长度一般都很短，记载的也只是督造者、铸工的名字，以及器名，在哪里使用。如湖北随州擂鼓墩出土的曾侯乙编钟。“由 1 件镈钟、45 件甬钟和 19 件钮钟组成，分 3 层悬挂于曲尺形钟架上。每件钟都标有音铭，并且都能发两个音，音高准确，12 个半音齐备。整套钟音频在 64.8 ~ 2329.4 赫兹之间，共

---

〔1〕 陈佩芬 . 中国青铜器辞典：第二册［M］. 上海：上海辞书出版社，2013：367.

〔2〕 陈佩芬 . 中国青铜器辞典：第二册［M］. 上海：上海辞书出版社，2013：392—393.

有 5 个八度音程，可以旋宫转调。编钟融金属工艺与声学技艺于一体，是中国文化史上的经典之作”[1]。其上“所记律名 29 个，音阶名和变化音名 37 个，其中很多专门名词未见于文献记载。全部铭文共约 2800 字”[2]，是我国最早的一篇比较完整的古代乐律学著作。

金文是铸造或雕刻在青铜器皿上的文字，常见于各种兵器、乐器、度量衡器、铸币、铜镜、彝器和金属印章之上，其中以彝器之上的铭文数量最多。各种器物上的金文都比甲骨文长且完整，字数少的有数十字，字数多的有数百字。现存铭文字数最多的是毛公鼎，毛公鼎出自周成王时（前 1115—前 1079 年）史官之手，它的腹内铭文记述了周宣王册命毛公的经过，共分五段，各段均以“王若曰”三字开始，目的在于铸在鼎上，传之长久。河北平山县出土的战国时期的中山王鼎上的铭文字数仅次于毛公鼎，该鼎“内容记中山乘燕国内乱，伐燕夺取疆土之事，自盖纽至器腹阴刻铭文 76 行，共 469 字”[3]。还有与中山王鼎同时出土的中山王方壶，“四面刻有铭文，铭文谴责了燕国的内乱，颂扬了司马赒的贤明和功绩，告诫嗣子警惕燕国内乱在中山国的发生，结构秀丽洒脱，字体横竖刚直，圆弧匀畅，共 450 字”[4]。

文字基本上都铸刻在器物的外面，但也有铸在内壁上的情况，甚至有的还铸刻在器物的颈、耳、足、盖、柄之上，形式多样。铸刻在钟鼎彝器上的文字，主要用于记载任命、战争、典礼、条例、盟约、赏赐等

---

〔1〕 谢天宇．中国古玩收藏与鉴赏全书：上卷［M］．天津：天津古籍出版社，2004：232.

〔2〕 刘乾先，董莲池，张玉春，等．中华文明实录［M］．哈尔滨：黑龙江人民出版社，2002：275—276.

〔3〕 郎绍君，刘树杞，周茂生，等．中国造型艺术辞典［M］．北京：中国青年出版社，1996：356—357.

〔4〕 高文德．中国少数民族史大辞典［M］．长春：吉林教育出版社，1995：297.

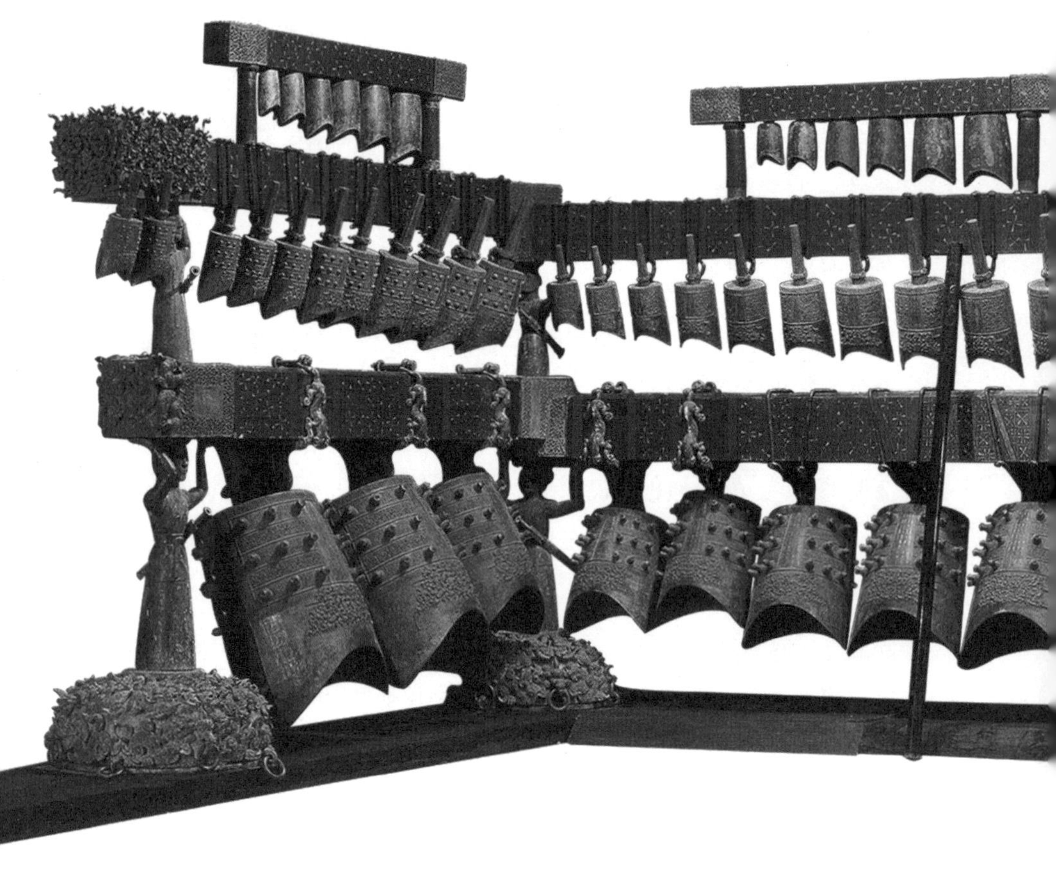

曾侯乙编钟

收藏于湖北省博物馆

1978年湖北随州擂鼓墩战国时期大墓出土，是中国首批禁止出国（境）展览文物，被誉为『稀世珍宝』。曾侯乙是战国早期曾国的国君，他的墓中随葬有九鼎八簋和编钟、编磬为主的礼乐器。这一套编钟是由六十五件青铜编钟组成的大型打击乐器，音色优美，音质纯正。钟体和附件上的错金铭文，记述了先秦时期的乐学理论，以及曾国及各诸侯国律名、阶名上的对应关系。

政治事件，早期的金文则多刻谥号、氏族名、卜名、器物名。

钟鼎彝器等青铜器皿上的文字，有的是刻上去的，有的是铸造上去的。从工艺技术角度讲，铸造先要做一个范，铸造出来的文字的质量，取决于刻范的好坏。所谓“范”就是制造的模具，而范不仅需要刻，还得刻“反字”。只有范上文字笔画的体式规范、深浅适度，铸出来的文字才能达到预想效果。显然，雕刻深度适宜的“反字”，要比雕刻正体字难得多。因此可以说，金文铸造技艺的出现意味着手工雕刻技术的一次飞跃，据此，可以把金文铸造技艺看成是手工雕刻史上的一个里程碑。

同甲骨文一样，金文不尚雕琢，具有人类童年时代的气质，还散发着一种原始、天真、拙朴的气息。从风格演变的角度来看，金文书法大致可分为三个阶段：第一阶段为从殷商到西周初年，这个阶段的金文字形笔画较瘦，小而整齐，纤细而缺少变化；第二阶段为从西周中期至周平王东迁，这个阶段的金文显得雍容典雅，比较平衡、疏密有致；第三阶段为春秋战国时期，这个阶段的金文大多体长画细，出现了篆书体的艺术特征。

毛公鼎和逨盘的金文铭文是两件精品。

毛公鼎的铭文不仅在艺术上极具美学价值，而且在内容上也是一篇重要的史料。

毛公鼎是清道光年间陕西省岐山县周原出土的西周遗物。毛公鼎的器形是大口的半球状样貌，口沿上树立形制高大的双耳，兽蹄形足，深腹，浑厚而凝重，整个器表装饰素朴典雅，十分整洁，洋溢着一股清新庄重的气息，反映了西周晚期文化思想的变革。

毛公鼎鼎内铭文“首先追述文、武二王时的政治清平之盛况和描述作鼎时的社会弊病，接着叙述宣王任命毛公治理国家，并授予毛公以宣布王命的专权，然后指明周王对毛公的告诫勉励之辞和对毛公的赏赐，

民国大盂鼎及其铭文拓片

大盂鼎是西周早期青铜礼器中的重器，是中国首批禁止出国（境）展览文物。1849年出土于陕西郿县礼村；1952年收藏于上海博物馆；1959年转至中国历史博物馆（今国家博物馆）。高101.9厘米，口径77.8厘米，重153.5千克。铭文19行291字，记述了周康王二十三年（前1056年）册命贵族盂一事。

▶中山王鼎的部分铭文拓片

原文描述的是中山王感念太傅与相国等忠臣的辅佐之情。

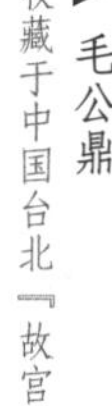

▶毛公鼎

收藏于中国台北『故宫博物院』

西周晚期青铜器，因作器者毛公而得此名，1843年出土于陕西岐山县，鼎高53.8厘米，腹深27.2厘米，口径47厘米，重约34公斤。

▲中山王鼎

收藏于河北省文物研究所

1977年于河北省平山县出土，春秋战国时期的中山国王墓随葬品。它是迄今为止我国发现的最大的铁足铜鼎。

▼毛公鼎拓片

（清）佚名　收藏于美国哈佛大学燕京图书馆

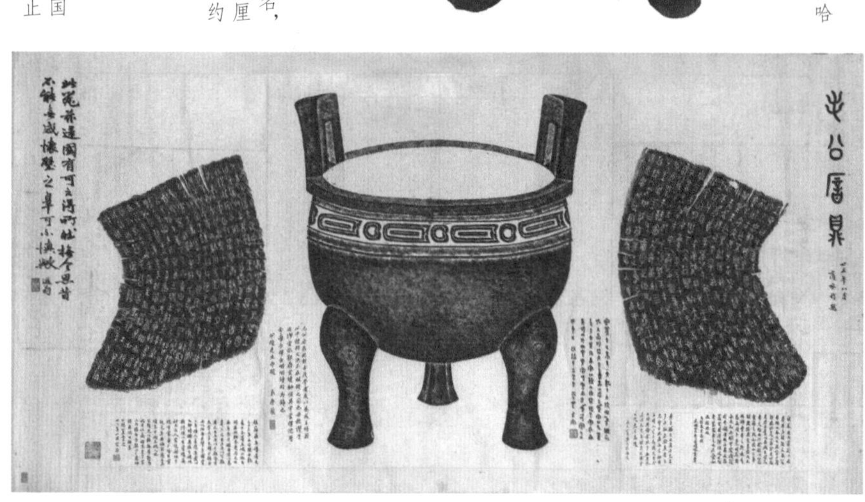

逨盘及其铭文拓片

收藏于宝鸡青铜器博物院

2003年1月19日陕西省宝鸡市眉县常兴镇杨家村出土，是中国禁止出国（境）展览文物。

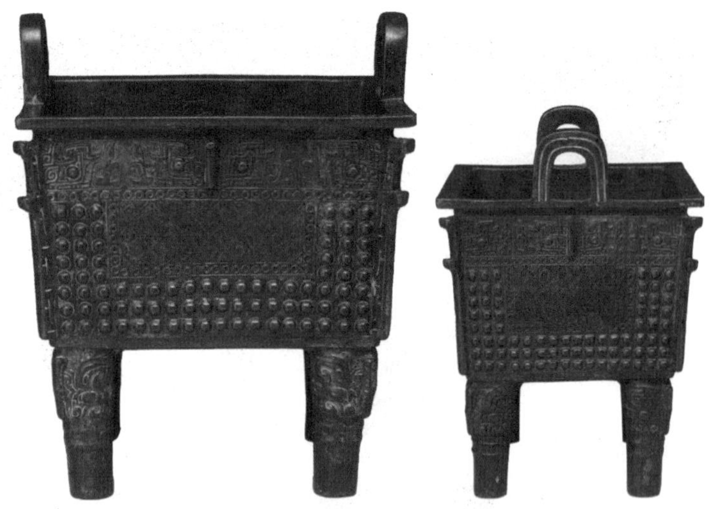

商代晚期青铜器亚牧父辛方鼎

收藏于中国台北『故宫博物院』

此为牧氏家族为其宗庙内祭祀『父辛』而铸的盛肉礼器。

亚丑诸女司方尊

收藏于中国台北『故宫博物院』

商后期青铜礼器。

最后解释毛公作鼎的目的是为了表示感谢和称颂天子美德”[1]。

这是一篇典型的西周册命铭文，但不拘泥于传统的册命体例。鼎铭记述了周宣王的告诫，全文可分五段：1. 追述周代文武二王开国时政治清明的景象，对比作鼎时的时局不靖；2. 王诏令毛公家庭政事内外兼顾；3. 给予毛公以宣示王命的专权；4. 告诫鼓励毛公用德善之心养政事；5. 赏赐毛公兵、命服、车。

全铭文以“王若曰”开始，基本引述王的册命话语，分段处以“王曰”隔开。全篇铭文文辞精妙而完整，古奥艰深，是西周散文的代表作。毛公为表示感谢和称颂周天子的美德，铸造鼎以为纪念。

鼎铭不仅是一篇金文书法的典范，还展示了周宣王励精图治的野心，对研究西周晚期政治历史有很大的参考价值。“铭文为皇皇钜制，被誉为‘抵得一篇尚书’。”[2]清末著名书法家李瑞清就曾说：“毛公鼎为周庙堂文字，其文则《尚书》也；学书不学毛公鼎，犹儒生不读《尚书》也。”“《毛公鼎》铸作精美，具有重要史料价值，其书法艺术在西周金文中也属上选。铭文章法布局，气势宏伟，结体庄重，笔法端严。其传世拓本稀少，以道光末年出土时初拓本最为清朗完善，墨气浑古，更可珍贵。”[3]

毛公鼎于 1850 年在陕西岐山出土，咸丰二年（1852 年）被陕西古董商苏亿年运到北京。后来，著名金石学家、国史馆协修、翰林院编修陈介祺用 3 年的俸银将其买回家珍藏，足见其要价颇高。陈介祺对毛公

〔1〕 黄河文化百科全书编纂委员会. 黄河文化百科全书[M]. 成都：四川辞书出版社，2000：273.

〔2〕 关显峰. 中国书法收藏与鉴赏全书：上卷[M]. 天津：天津古籍出版社，2005：20.

〔3〕 关显峰. 中国书法收藏与鉴赏全书：上卷[M]. 天津：天津古籍出版社，2005：20.

虢季子白盘铭文拓片

收藏于国家博物馆

虢季子白盘是西周晚期青铜器，也是传世体积最大的西周时代的青铜器。铭文共计111字，记录的是虢季子白奉王的命令征战猃狁族后，在周庙受赏的情形。

鼎爱不释手，深藏在家中 30 年，秘不示人。在他去世后，他的后人又继续秘藏了 20 年。

到 20 世纪初，两江总督端方强行从陈家买走了毛公鼎，几年之后，端方在四川保路运动中被新军刺死。端方的女儿出嫁，婆家是河南项城袁氏，端府欲将毛公鼎做陪嫁给袁家，但由于这个陪嫁实在太过贵重，端氏后人只好将鼎抵押在天津的华俄道胜银行。再后来，端家家道中落，美国人福开森将他们家收藏的青铜器都买走了，此鼎在抵押中自然也无力赎回了。

那时候，有个外国商人欲出资 5 万美元收购毛公鼎。消息传出去后，国内外都像炸了锅一样，国内的民众自然是死活不同意。这时候，民国时曾任财政总长、交通总长的大收藏家叶恭绰，想方设法将毛公鼎留在国内。于是，这鼎又在叶家保存了十几年，并随之来到上海。

叶氏买下毛公鼎后，曾经拓下铭文，送给亲朋好友。那时正值抗战中期，叶恭绰去了香港避难。香港沦陷后，日本人胁迫他卖国求荣，出任伪交通总长，他拒不答应。哪知道在这段时间里，他的一个姨太太住在上海，因财产问题闹纠纷，竟把毛公鼎的消息传给了日本人，日本人三番两次地要叶恭绰交出毛公鼎。叶恭绰得知后万分焦急，吩咐其侄儿火速前往上海，与敌人展开周旋，好不容易才保住了毛公鼎。

抗战胜利前，叶恭绰回到上海，此时已家道中落，不堪一言，就连家中的毛公鼎也必须变卖，毛公鼎随之落入上海一个大商人陈咏仁的手中。1946 年，抗战胜利后，陈永仁将毛公鼎捐献给当时的南京国民政府。目前，毛公鼎收藏于中国台北“故宫博物院”。

逑盘出土于被誉为“青铜器之乡”的陕西宝鸡。2003 年 1 月 19 日，在眉县马家镇杨家村附近，有 5 位农民在村砖场北坡挖土时发现了一处青铜器，随后妥善保护了现场并及时向政府文物管理部门打电话报告情

战国镶金青铜

1957年出土于安徽寿县，是楚王发给太子使用的，铭文中规定了需要运输的货物的种类和数量。青铜是指红铜加锡或铅的合金，青铜具有较高的铸造性能，因此被广泛应用于各类器物的铸造上。中国商周时期的青铜称为金或吉金，青铜铸造的器物称为『青铜器』。，青铜器上的铭文称为『金文』。

战国时期青铜钟

收藏于中国台北『故宫博物院』

况。市县文物考古工作者当晚进行了发掘清理，共发现带有铭文的西周青铜器 27 件，其中有铜鬲 9 件、铜鼎 12 件，还有铜盘、铜盂、铜壶等，这次的发现具有划时代意义，被专家誉为“中国 21 世纪初最重大的考古发现”。这 27 件青铜器上的铭文真真切切地展现了西周的历史发展，内容涉及西周 12 位王，共计 4000 余字。其中，有一只叫作“逨盘”的三足附耳盘最值得一提，上面竟有 372 字，这比之前出土的散氏盘、史墙盘青铜器铭文还要长。逨盘铭文内容“记载单氏家族八代人辅佐西周自文王至宣王十二位王的征战、理政、管治林泽等的功绩，对西周王室的变迁及世系排列有明确记载，可为史书记载提供佐证”[1]。这次的实物出土与《史记·周本纪》所记的西周诸王名号是一模一样的，是至今所见青铜器中，字数最多的盘。从文字内容来看，逨盘不仅有助于研究西周的历史，还为“夏商周断代工程”中的某些重大学术问题提供了新的课题证据。

这篇铭文主要记录了单氏家族的历史，还用来纪念周王的册命和赏赐。逨盘铭文在一一称颂其祖先的同时，历数了西周诸王（文王、武王、成王、康王、昭王、穆王、共王、懿王、孝王、夷王、厉王、宣王）的功绩，并串起了西周历史的大致轮廓。同时，逨盘铭文还记载了一些西周时期的重要史事，如武王克殷，成王、康王开疆拓土，昭王征楚，穆王好战等，与历史文献记述基本吻合。此外，从逨盘的主人——逨的高祖开始，单氏家族就没有了多少功绩可以记载了，这似乎也在暗示：自周共王之后，西周的国运开始衰弱。

这篇铭文，从书法上来看，艺术价值非常高，是典型的西周晚期的书体风格。逨盘铭文虽然文字很多，但是首尾一致，其行文和书写都具

〔1〕 陈佩芬. 中国青铜器辞典：第五册［M］. 上海：上海辞书出版社，2013：1198.

周武王像

选自《历代帝王圣贤名臣大儒遗像》册 （清）佚名 收藏于法国国家图书馆

姬发，周文王的次子。在伐纣过程中，周文王去世，王位由姬发继承，是为武王。周武王任用贤臣太公望、周公旦等人，国家日渐富强。之后，周武王联合各族，攻打商都朝歌。商败，纣王自焚，商朝灭亡，周王朝由此建立。

有非常深厚的功底，这说明当时的书法艺术已经达到了相当高的水平。逨盘古朴大气，器身和底部都有比较厚的蓝古锈，再加上铸有如此珍贵的长篇铭文，堪称西周文化与艺术的重要载体，不愧是中华民族的瑰宝。

孔壁古文经与蝌蚪文

公元前221年，秦始皇在灭六国后，实现了大一统，建立了中国第一个封建王朝。之后，他接受了丞相李斯的主张，下令取消分封制，实行郡县制。郡县制就是由皇帝来负责对郡及县的长官的任命及罢免。对此，许多人不能理解。公元前213年，秦始皇在皇宫举行了盛大的宴会，作为博士官职的淳于越公然不同意郡县制，他表示如果不沿袭过去的法则和习惯，不学习古人，这个国家将无法长久。对此，丞相李斯则认为他的话过于迂腐。李斯认为应当是与时俱进。为保证思想上的高度一致，李斯建议：除了法律、医学、官府藏书、农事和秦国的史书以外，所有的史书、《诗》、《书》和百家语一律焚毁；如果有人敢私自谈论《诗》

秦始皇像

（清）佚名

秦始皇，秦庄襄王之子，后世俗称嬴政或秦王政。他统一六国，建立了我国历史上首个多民族的中央集权国家，是首个使用『皇帝』称号的君王，自称『始皇帝』。在位39年，他建立了郡县制，统一了度量衡，大大加强了中央集权。

《书》，就要处死。秦始皇接受了李斯的建议，下令焚书。这道命令一下，成千上万的图书即被烧毁。许多儒生不忍心爱的图书毁于一旦，就冒死把它们放到墙壁里，藏了起来。孔子的第九代孙辈孔鲋也认为“秦非吾友，……吾将藏之，以待其求”，在把书暗自藏在自家的墙缝里后，他自己也不得不去嵩山隐蔽起来。那些被藏的典籍直到孔鲋死去还未启封，这才有了“竹简不随秦火冷”的说法。

到西汉景帝时，皇子刘馀被汉景帝刘启分封到了鲁国，史称“鲁恭王”。这位鲁恭王平庸无能，好端端的一个鲁国被他搞得一塌糊涂，而他自己则整天沉溺于酒色之中，不干正事。到了汉武帝初年，他需要扩张地盘，尤其是扩大皇宫的规模，他知道孔子的老宅很不错，准备把它拆掉，谁知正拆着却惊奇地发现了封在墙缝里的几十部书，那些书正是

焚书坑儒

选自《帝鉴图说》法文外销画绘本（明）佚名 收藏于法国国家图书馆

《〈尚书〉序》记载：『及秦始皇灭先代典籍，焚书坑儒，天下学士逃难解散。』博士淳于越反对『郡县制』，要求根据古制，实行分封制，而丞相李斯加以反驳，认为儒生不师今而学古，道古以害今。遂发生了『焚书坑儒』事件，对社会文化发展也造成了很大的危害。

汉景帝像

选自《历代帝王圣贤名臣大儒遗像》册 （清）佚名 收藏于法国国家图书馆

汉文帝刘恒第五子，西汉第六位皇帝。他即位后进一步发展了汉文帝推行的政策，削诸侯封地，平定七国之乱，轻徭赋税，进一步巩固中央集权，与其父汉文帝一起打造了『文景之治』之盛世。

当年孔鲋偷偷隐匿在墙砖缝里的典籍。这些古文经传等典籍和当时留下来的用隶书编制的经典不同，这些书都是用古文（大篆）写成的，形似蝌蚪，被称为“蝌蚪文”。据说拆建时，工人们忽然听到天上传来金石丝竹之声，有六律五音之美。

墙壁中发现“蝌蚪文”的消息一经传开，很快就让汉武帝知道了，于是他派使者去鲁国将其取走。可是谁也不认识这些文字，最后只好把这些古书放入“国家档案馆”，它们也因此未得到当时人的重视。因为这些古书是在墙壁里发现的，所以被人称为“壁中书”，又称“孔壁古文经”。

关于这些古书的种类和数量，各种史书的记载略有出入。《汉书·艺文志》说：有《尚书》《礼记》《论语》《孝经》；刘歆在《移太常博士书》里则说：有《逸礼》39篇，《书》16篇。但是，许慎在《说文解字·序》

汉武帝像

选自《帝王道统万年图》（明）仇英

收藏于中国台北『故宫博物院』

汉武帝刘彻，十六岁登基，在位五十四年，在位期间是西汉王朝最鼎盛的时期。他开创察举制选拔人才，颁行『推恩令』，将盐铁和铸币权收归中央管理，文化上『罢黜百家，独尊儒术』，开创了丝绸之路，与西域进行贸易往来。汉武帝还开拓了疆土，击退匈奴，征服大宛等，使中华疆域的版图进一步扩大。

《孔子像》

佚名　收藏于中国台北『故宫博物院』

中国春秋时期著名的政治家、思想家、教育家，也是儒家学派的创始人，他的『仁义』『德治』和『君以民为体』等儒学思想对中华民族和东亚文化圈影响至深。

里说：有《礼记》《尚书》《春秋》《论语》《孝经》。这些书都是用古文写成的，与当时流传的经书文字多有不同。后来，就在这批古书的基础上，逐渐兴起了一个新的学派——“古文经学”，并对中国古代学术的发展产生了重要影响。

蝌蚪文，古人又称“蝌蚪”，或“科斗”，又称“漆书，作为书体之名，始见于汉末[1]。《后汉书·卢植传》：“古文，科斗近于为实，而压抑流俗，降在小学。”“科斗”是指孔壁《古文尚书》[2]。郑康成《尚书赞》云：“书初出屋壁，皆周时象形文字，今所谓科斗书。”蝌蚪文的名称由来与其字形有关。一方面，“蝌蚪文源于大篆，因为古代作书除以刀刻，便以漆书之于竹简、木牍之上。笔为碎头竹笔，生漆代墨而书之，下笔时漆多，收笔时漆少，故笔画多为头大、尾小形如蝌蚪之状，故得名‘蝌蚪’文”[3]。意思是当时因没有墨汁，就用竹刷似的碎头竹笔蘸漆，而漆的特点是黏而浆糊，书写时容易形

〔1〕　张传旭．书同文研究［M］．济南：山东画报出版社，2017：43.

〔2〕　杜萌若．汉“古文”考［D］．北京：首都师范大学，1999：43.

〔3〕　李国健．简明篆刻学［M］．石家庄：河北教育出版社，2003：95.

成笔画头粗，笔画尾细的情况，很像蝌蚪的样子，而大篆字形本身即丰富且多变，线条屈曲且形体婉转，也增添了蝌蚪文的神秘之感。另一方面，蝌蚪文经常被写在简帛、玉石等载体上，“易于表现毛笔书写的特征，保留毛笔书写的自然状态”〔1〕。

传说蝌蚪文产生于远古的皇帝高阳氏颛顼时代，用“蝌蚪文”命名这种古文字却是在汉末。从流传的遗物可以看出，蝌蚪文曾在西周铜器上、商代甲骨及玉片的雕刻与陶器上出现过。

蝌蚪文在魏时被广泛运用，书写上很有独特风格，它是在小篆的基础上，下笔常要停顿重挫，起笔与收笔讲究尖锐，而到中部的前方则要加深笔画，利用毛笔显示笔画的弹性，将毛笔的特点发挥得淋漓尽致。蝌蚪文的这种头重尾轻的笔法，汉初还有后续的记录，如在《马王堆遣册》中，“下笔时刚劲有力，收笔时尖尖的，但下笔处多呈方角，同时篆书的字体特征已基本上消失，至隶书成熟后就逐渐失传了。《说文》中虽收古文，但辗转传刻，在笔法上已面目全非了。”〔2〕卫恒在《四体书势》中说：“魏初传古文者，出于邯郸淳，恒祖敬侯写淳《尚书》后以示淳，而淳不别。至正始中立三字石经，转失淳法。因科斗之名，遂效其形。太康元年，汲县人盗发魏襄王冢，得策书十余万言，按敬侯书，犹有仿佛。”但蝌蚪文从外观整体来看，笔体有些锋利，视觉效果不佳，尤其在笔画与整体的构造上没办法统一，缺点明显，因此唐代之后就很少见了，目前这种书体已然消失。

---

〔1〕 杜萌若．汉“古文”考［D］．北京：首都师范大学，1999：48.

〔2〕 杜萌若．汉“古文”考［D］．北京：首都师范大学，1999：52.

石鼓文与篆体

石鼓文为我国现存最古老的石刻文字。“以其形状似鼓而得名。又因为是在鼓形石头上刻文字记录有关游猎事，故又称‘猎碣’。石鼓共有10块，均为花岗石材质，圆顶平底，高约90厘米，直径约60厘米。上用籀文分别刻有10首记述游猎盛况的四言诗。”[1]“诗名有‘汧沔’‘霝雨’‘而师’‘作原’‘吾水’‘车工’‘田车’‘銮敕’‘马荐’‘吴人’。”[2]

石鼓最早发现于唐朝初年，地点位于京城长安附近的凤翔县，以岩石凿刻成鼓形，上面刻有四言诗，故称“石鼓文”。鼓文记述的是秦献公与周天子使臣游猎的盛况。据记载，10块石鼓上起初大概刻有700

〔1〕 唐嘉弘.中国古代典章制度大辞典［M］.郑州：中州古籍出版社，1998：711.

〔2〕 刘乾先，董莲池，张玉春，等.中华文明实录［M］.哈尔滨：黑龙江人民出版社，2002：947—948.

个字，但因年代久远，风雨剥蚀，现在只存 300 多个字，尤其是第 9 鼓已无一存字。据说当年石鼓制成后，无人问津，被丢弃在荒野上达 1300 多年。直到唐朝初年，才被迁入凤翔孔庙。唐人韦应物和韩愈认为这些石鼓是周宣王时期的刻石，而近人罗振玉、马叙伦、郭沫若则认为它是春秋战国时期秦国的文物。

五代时，各路诸侯军阀战乱不休，石鼓再次散落民间。到了宋代，经官家多方找寻，费尽周折，才找回了其中 9 块，另一块已被老百姓凿成捣米用的米臼了。宋徽宗即位后，因素嗜金石，尤喜赏玩石鼓文，于是大观二年（1108 年），他专门下令，将这些石鼓都迁到都城开封的国子监，用金符镶嵌起来。北宋末年，金兵攻入开封后，见到石鼓视为“珍宝”，就把石鼓上的镶金剔掉，充作军用，将其运往燕京（今北京）。后来，石鼓又历经多次“颠沛流离”，终于在元仁宗时，在大都的国子监孔庙“定居”。清朝乾隆五十五年（1790 年），乾隆令人仿刻了第 10 块石鼓，集全后放置在太学。抗日战争爆发后，为了保护这些国宝，

秦石鼓和石鼓文

收藏于北京故宫博物院

花岗岩质，高约 90 厘米，直径约 60 厘米。石上刻大篆书记叙游猎的十首诗，故也称『猎碣』，是我国现存最早的石刻文字。

西汉篆书《新莽嘉量》铭文

罗振玉/临摹　收藏于中国历史博物馆

新莽嘉量是西汉时期王莽建国元年颁行的标准量器，以龠、合、升、斗、斛五量具备，名为『嘉量』。器外有铭文，分别说明各部分的量值及容积计算方法。铭文内容为：黄帝初祖，德帀于虞。虞帝始祖，德帀于新。岁在大梁，龙集戊辰。戊辰直定，天命有民。据土德受，正号即真。改正建丑，长寿隆崇。同律度量衡，稽当前人。龙在己巳，岁次实沈。初班天下，万国永遵。子子孙孙，享传亿年。

故宫博物院院长马衡不惜千里奔波，将石鼓迁到江南以躲避战事、防止被日军掠夺。直到抗战胜利后，这些石鼓才又被运回北京，现藏于故宫博物院。

鉴于石鼓文的历史久远，故有“石刻之祖”之称。它不仅是史学研究的重要历史资料，同时也因其字形之特殊，对于研究中国文字形体及书法史的发展具有重要作用，深受历代书法家和书法研究者重视。“石鼓铭文居中，上下留出天地。布局合理，行距适宜。一行之中，字距疏匀而无松散之弊。字形多取长方形，端庄凝重。笔力稳健，刻工精密。石与形，诗与字浑然一体，古朴圆劲。”〔1〕唐初“虞、褚、欧阳共称古妙”。张怀瓘《书断》云：“《石鼓文》开阖古文，畅其戚锐，但折直劲迅，有如铁针而端委旁逸又婉润焉。”康有为《广艺舟双楫》谓：“《石鼓》如金钿委地、芝草团云，不烦整裁自有奇采。”近代人称石鼓文为“书家第一法则”，名副其实。

石鼓文体态雄浑大度，刚柔相济；工整而严谨，善用中锋，笔画粗细一致，没有小篆的拘谨，但又近于小篆。在章法布局上，虽然每个字是独立的，但又注意到了上下左右之间的偃仰向背关系，其法则更趋于方正丰

篆书《八言联》

（清）吴昌硕　收藏于北京故宫博物院

八言联内容：花时鲤帛寓安乃乐，辞中虎帅写翰为猷。题款内容为：集猎碣字。时丁巳先花朝数日客春申浦。安吉吴昌硕。

此件集石鼓文对联书是吴昌硕1917年写作。笔法浑厚流畅，变化丰富，是其晚年时期的佳作。

〔1〕　紫都，包建．先秦书法名作鉴赏［M］．北京：中央翻译出版社，2005：53—54.

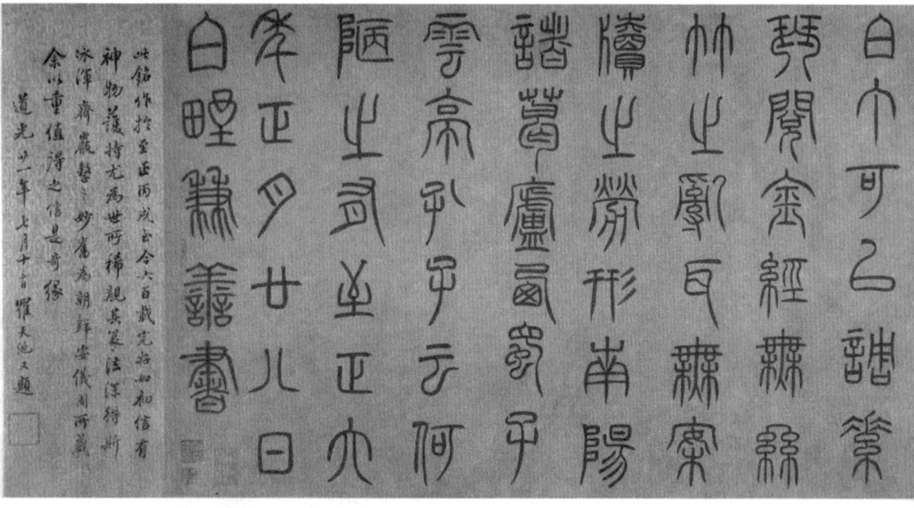

厚，用笔的开始位置和结束位置都是藏锋，圆融浑劲，结体促长伸短，匀称适中，这样的笔体真是一绝。

在书法史上，石鼓文完全继承了大篆，又开了小篆之先河，是由大篆向小篆演变的一种尚未定型的字体，具有过渡性，也有很高的历史价值和艺术收藏价值。篆书分为大篆和小篆，是汉字书体发展史上的重要阶段。在中国文字史上，夏、商、周三代，就其对文字学的贡献而言，以史籀为最。史籀是周宣王的史官，他创新字体，变古文体为篆体，使得文字撰写更加简便，著有《大篆》十五篇。大篆又有籀书、籀篆、籀文、史书之称。

小篆又称“秦篆”，为秦朝丞相李斯所创。秦始皇灭六国后，统一华夏，其疆域扩展了很多，涉及国事自然也多了数倍，大家都上书陈情，觉得原来的文字繁杂，不便交流；加之原有秦、楚、齐、燕、赵、魏、韩七国，书不同文，写法各异，也亦亟待统一，秦始皇就命令臣工创新文字。于是，丞相李斯作《仓颉篇》，中车府令赵高作《爰历篇》，太

篆书《陋室铭》卷

（元）泰不华　收藏于北京故宫博物院

纵 36.9 厘米，横 113.5 厘米。

泰不华篆书运笔圆活平稳劲遒，转折有力，结构清晰，字里行间示以『悬针』笔法。

史令胡毋敬作《博学篇》，都是源自大篆再进行省改、简化，即为小篆。小篆又名“玉筋篆”，因笔致遒健而得名，较之大篆，其形体笔画均已省简，这也是顺应了时代的要求。

从古文到大篆，再从大篆到小篆的文字变革，在中国文字史上具有划时代的意义。石鼓文正处在这个变化的中间阶段，因而被历代书家视为习篆书的重要范本，历代书家、名人赞誉和临摹者众多。苏轼在他的《石鼓歌》中说：“上追轩（轩辕黄帝）颉（仓颉）相唯诺，下揖冰（李阳冰）斯（李斯）同鼓鞴。”大意是，黄帝时期造字的仓颉如果见到石鼓文，也不得不对它表示称赞。而历史上的篆书名家，如秦朝的李斯、唐朝的李阳冰，皆曾向石鼓文学习。石鼓文对后世书坛的影响尤以清代最为深远，如著名的篆书家杨沂孙、吴昌硕就是自幼习得石鼓文，自成一代大家。石鼓文最著名的拓本，有《中权》《先锋》《后劲》等北宋拓本，可惜现已流落到了日本。

熹平石经与隶体、楷书

汉代立五经于学馆，置十四博士，专门传授儒家经学。每一个经学都设置许多博士，形成各种流派，各家经文都以自家思想和理念加以传播，尚未形成一致的官方经本，博士考试也因此常会引发争论。熹平四年（175 年），议郎蔡邕、张训等人上奏皇上求钦定经本文字，汉灵帝应允[1]。于是中国历史上一场声势浩大的在石头上雕刻经学的工程由

〔1〕 许力以．中国出版百科全书［M］．太原书海出版社，1997：526.

此开始。他们首先对《周易》《尚书》《诗经》《礼记》《春秋》《公羊传》《论语》进行整理，再与当时流行的经书文本及批注进行辨别比较及校对后，选定正本、再订正文字，最终确定标准的经书文字。

东汉名臣、书法家蔡邕亲自动手，用朱砂将文字写在石碑上，即用标准的隶书写好经文，再命工匠依照经文镌刻。从熹平四年（175 年）到光和六年（183 年），这项浩大的工程历时 9 年，共镌刻石碑 46 座，碑文约 20 万字，碑宽 1.4 米，高 3 米。因石经于东汉灵帝熹平四年刻立，故称“熹平石经”，又因其为中国最早的官定儒家经本，因此也被称为“汉石经”，因为字体统一为隶书，所以它还被称为“一字石经”〔1〕。在当时这样大规模刻经书引起了很大反响，属今文经学，一直受官方推崇，至此石经成为天下学子的“标准教科书”。

隶书是秦朝程邈所创。他原是秦朝一个县掌管监狱的小官，因得罪秦始皇而被投入云阳狱中。在狱中他专心致志、潜心研究大小篆的写法，十年间，他把大小篆的圆转改变为方折，同时删繁就简，去掉多余的笔画，在其基础上创造出利于书写、易于辨认的三千个隶字，他把自创的三千隶字上呈给秦始皇。秦始皇看后欣然接受并开始使用，他被提拔成御史。

秦王朝的发展繁荣推动了新字体的萌生。当然，隶书也在不断地演变，并日益规范。隶书种类多有不同，按时期区分：普通隶书有秦隶和汉隶；早期的隶书叫秦隶，成熟的隶书叫汉隶。

熹平石经对于统一书籍文字和思想具有重要意义。石碑始立，引来许多人观览摹写，车乘日千余辆，填塞街陌〔2〕。

---

〔1〕 王永鸿，周成华 . 中华书法千问［M］. 西安：三秦出版社，2012：167.

〔2〕 刘乾先，董莲池，张玉春，等 . 中华文明实录［M］. 哈尔滨：黑龙江人民出版社，2002：951.

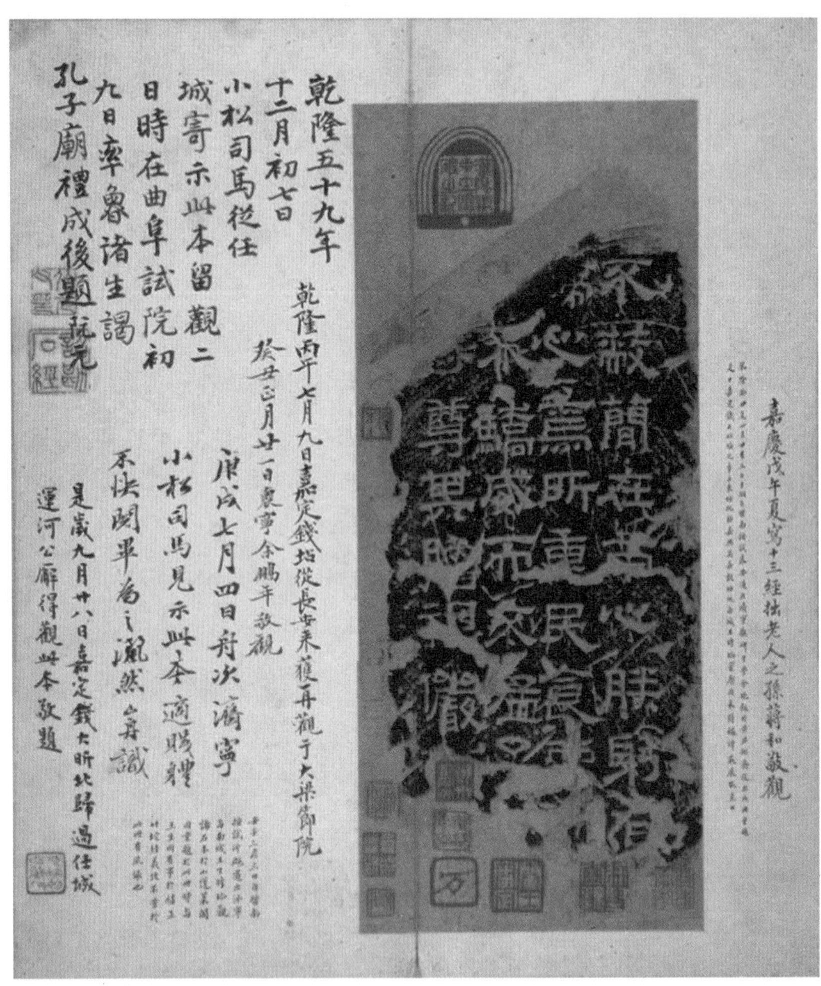

宋代熹平石经残石拓本

收藏于北京故宫博物院

石经刻于汉熹平四年（175年），隶书字体方正，结构严谨，是当时通行的标准字体。

采英于山，著經于羽，荈烈蔎芳，滌清神宇。

乾隆乙丑上日書於佳樹堂　稽留山民金農

隶书《四言茶赞》轴

收藏于扬州博物馆

金农，清代书法家，扬州八怪之首，文学造诣极高。内容：采英于山，著经于羽，荈烈蔎芳，涤清神宇。

至东汉末年，社会动荡不安。汉献帝初平元年（190年），为了躲避东方诸侯联军的进攻，权臣军阀董卓迫使献帝迁都长安，临走前烧毁洛阳的宫庙，熹平石经因此也破损不堪。北魏末年，权臣高洋当政，强行将国都从洛阳迁往邺都。结果在半路上，这些石碑不慎掉入水里，到邺都的时候一半已经没有了。隋朝建立后，这些石碑又被运往长安。由于隋朝政府对其不加重视，一些官员就用石碑修建宫殿，做柱子的基石。直到唐朝贞观年间，唐太宗重视文教事业，命魏徵去拯救这些"文化瑰宝"时，石碑已是十不存一。最后，熹平石经就剩下了一些零星的碎石残片。现在，我们只能看到一些为数不多的、珍贵的残石和拓片了。

熹平石经字体优美，结构严谨，也是研究东汉书法史的重要资料。此外，熹平石经对于儒家经典的确立和传播起到了重要的作用，是中国历史上最早的儒家经典石刻本。同时，它也拉开了中国历史上文化典籍大规模刻石的序幕。此后，陆续出现了《蜀石经》《开成石经》《三体石经》等。

隶书经过二百多年的发展演变，到汉末魏初，又出现了"真书"，即我们现在所说的"楷书"。

楷书，又名正书、今隶、真书。唐代张怀瓘《书断》有云："楷者，法也，式也，模也。"[1]足见楷书是一种有法度的书体。这里所说的楷书，是指自成一体、现在通用的"楷书"而言，如欧阳询、柳公权等碑帖上的字即是。

关于楷书首创问题，众家说法都不一样。因为魏、晋、南北朝之间几百年的文字，是隶书中的八分与楷书笔意错杂的时期。有人说楷书由东汉王次仲所创。清代刘熙载《书概》："楷无定名，不独正书当之。

---

〔1〕《泰州文献》编纂委员会．泰州文献［M］// 张怀瓘．书断．南京：凤凰出版社，2015.

汉北海敬王睦善史书，世以为楷，是大篆可谓楷也。卫恒《书势》云‘王次仲始作楷法’，是八分为楷也；又云‘伯英下笔必为楷则’，是草为楷也。”〔1〕

现存实物中，只有三国时期魏国钟繇的《贺克捷表》的法度可称为楷书之祖。钟繇堪称中国历史上第一个楷书书法家。钟繇，字符常，颍川长社（今河南长葛县东）人。事曹魏，官至太傅。擅隶、楷、行三体书，以楷书影响最大，同张芝、王羲之、王献之合称书中“四贤”。真迹已无存，传世刻帖有《荐季直表》《还示帖》《墓田丙舍》《宣示表》《力命表》和《贺克捷表》等。宋《宣和书谱》云：“汉初有王次仲者，始以隶字作楷书，降及三国钟繇者，乃有《贺克捷表》，备尽法度，为正书之祖。”〔2〕《贺克捷表》又名《戎辂表》或《戎路表》，为钟繇六十八岁所写，内容为钟繇知道了蜀将关羽被杀的喜讯时写的贺捷表奏。这封帖子没有完全脱离隶书的笔体，在终结笔画之处宽，横画很长，但是直画略短，风格古朴，书写自然，这种字体已经属于楷体了。观其特点，诚如翁方纲所说：“变隶书之波画，加以点啄挑趯，仍存古隶之横直。”

今天的楷书，笔画端庄，是由古隶的方正，章草之简捷，八分之遒美等演变、脱化而来的，从三国时期钟繇作“楷书”起，这种字体一直沿用至今，被视为标准字体而为世人所喜爱。

〔1〕 王大亨，欧阳恒忠．刘熙载书概签注［M］．桂林：广西师范大学出版社，桂林：漓江出版社，1990：49.

〔2〕 宣和书谱［M］．上海：上海书画出版社，1984：19.

印刷术与宋体

印刷术作为中国古代四大发明之一，它引领了人类近代文明的飞速发展。始于隋朝的雕版印刷，由宋仁宗时的毕昇在此基础上创造出活字印刷，后由蒙古人传至欧洲。活字印刷对世界文化的发展有着重要的意义，它为知识的广泛传播及交流奠定了基础。

雕版印刷则是仿照印章和石刻的办法。“先在纸上按所需规格书写原稿，然后反贴在刨光的木板上，再由雕工根据原稿刻出阳文反体字，这样雕版就做成了，接着在版上涂墨、铺纸，用棕刷刷印，将纸揭起，就成为印品”[1]。雕版印刷工序非常繁杂，一种新书的完成，要在木板上从头雕起，一排排地雕，速度慢，不能出错，否则就要重新返工。

这种方法既耽误时间又浪费材料，还无法随时改错字、错句，毕昇

〔1〕 张洪海．印刷工艺［M］，中国轻工业出版社，2018：94.

看到这些缺点，总结雕板印刷的经验，经过一次又一次的研究和试验，到宋代终于出现了活字印刷术。这项发明不仅保持了传统的雕版印刷方法，又创造了新的印刷技术，具有伟大里程碑的作用。沈括在《梦溪笔谈》中详细记载了毕昇发明活字印刷术的过程及其工艺。“板印书籍，唐人尚未盛为之，自冯瀛王始印‘五经’，已后典籍，皆为板本。庆历中，有布衣毕昇又为活板。其法：用胶泥刻字，薄如钱唇，每字为一印，火烧令坚。先设一铁板，其上以松脂、蜡和纸灰之类冒之。欲印，则以一铁范置铁板上，乃密布字印，满铁范为一板，持就火炀之，药稍熔，则以一平板按其面，则字平如砥。若只印三二本，未为简易；若印数十百千本，则极为神速。常作二铁板，一板印刷，一板已自布字，此印者才毕，则第二板已具，更互用之，瞬息可就。每一字皆有数印，如‘之’‘也’等字，每字有二十余印，以备一板内有重复者。不同则以

宋徽宗与书画

宋徽宗赵佶，在位期间昏庸无能，奸臣当道，吏治腐败，但其在书法、绘画上造诣颇深，自创瘦金体。瘦金体是书法史上一种极具个性的书体，其代表作为《楷书千字文》、《秾芳诗》卷帖等。瘦金体运笔灵动，字体瘦劲挺拔，运转提顿之间匠心独具。其画作代表作有《祥龙石图》卷、摹张萱《捣练图》等。

宋徽宗像

选自《历代帝王像》（清）姚文瀚 收藏于美国纽约大都会艺术博物馆

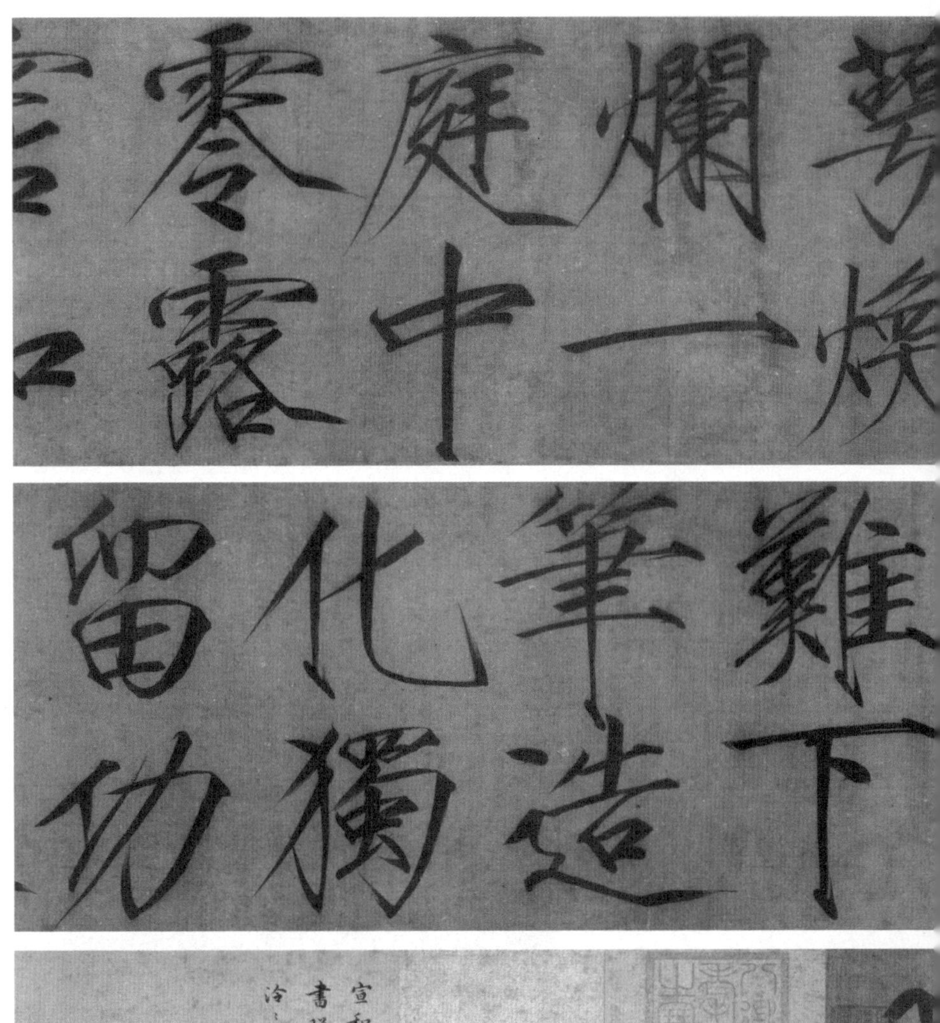

宣和書畫超軼千古此卷以書法作畫脱去筆墨畦逕行間如幽蘭藂竹泠泠作風雨聲真神品也

陳邦彥敬觀

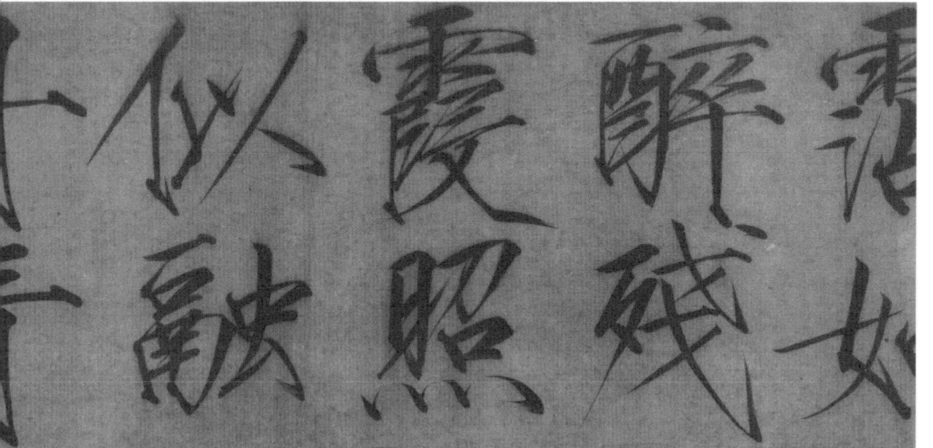

《秾芳诗》卷帖

（北宋）赵佶　收藏于中国台北『故宫博物院』

祥龍石者立於環碧池之南芳
洲橋之西相對則勝瀛也其勢
騰湧若虬龍出為瑞應之狀奇
容巧態莫能具絕妙而言之
廼親繪縑素聊以四韻紀之
彼美蜿蜒勢若龍挺然為瑞獨稱雄
雲凝好色來相借水潤清輝更不同
常帶瞑煙疑振鬣每乘宵雨恐凌空
故憑彩筆親模寫融結功深未易窮
御製御畫并書

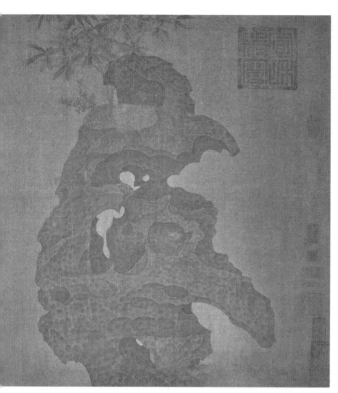

《祥龙石图》卷

（宋）赵佶　收藏于北京故宫博物院

纵53.8厘米，横127.5厘米。宋徽宗的写生作品，画中右侧是宫苑中一珍奇石头『祥龙石』；左侧则是赵佶御笔『瘦金书』题记、题诗。

《捣练图》

（唐）张萱/原作　此为（北宋）赵佶摹本　收藏于美国波士顿博物馆

图中描绘的是唐代宫女劳动的情景。画中的妇女身穿襦裙装，分别有捣练、织线、熨烫三组场景。

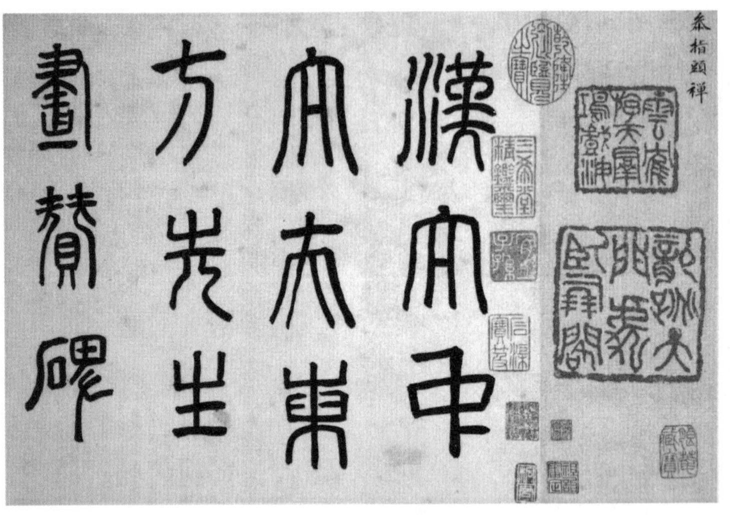

《楷书临东方朔画像赞》卷（局部）

（明）董其昌 收藏于北京故宫博物院

纵24.5厘米，横558.6厘米。此卷为董其昌临摹唐朝书法大家颜真卿的《东方朔画像碑赞》。此卷师法颜真卿，笔法劲健精绝。图为篆书卷首『汉大中大夫东方先生画赞碑』几字。此卷是董其昌中年时期的代表作之一。

纸贴之，每韵为一帖，木格贮之，有奇字素无备者，旋刻之，以草火烧，瞬息可成。不以木为之者，木理有疏密，沾水则高下不平，兼与药相粘，不可取，不若燔土，用讫再火，令药熔，以手拂之，其印自落，殊不沾污。昇死，其印为余群从所得，至今保藏。”〔1〕

活字印刷术直接推动了宋体字的形成和推广。“由于楷体笔画的弧度多，造成书写速度慢，大大影响了刻版的速度，相较于弧线，直线刻起来更快而且有利于走刀，这就使宋体字笔画横平竖直成为可能。”〔2〕出于书刊印刷的现实需要，文字逐渐向适于印版镌刻的方向发展。至明万历中期，书版用字出现了横轻竖重的“宋体字”，它改变了以往印书仿各书法家字体而以楷书上版的历史，创造出了标准的印刷字体，使印刷效率大大提高〔3〕。

〔1〕 沈括．梦溪笔谈［M］．上海：上海古籍出版社，2015：118—119.

〔2〕 梁昭华，田煜．宋体字的形成与发展探析［J］．美术大观，2011：89.

〔3〕 环境保护部环境发展中心，中国印刷技术协会．绿色印刷与中国环境标志［M］．中国环境科学出版社，2012：10.

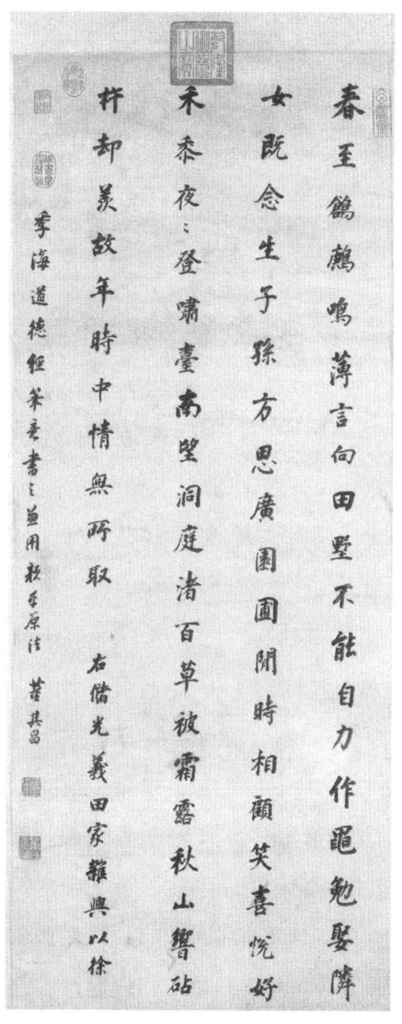

《楷书诗》轴
（明）董其昌 收藏于北京故宫博物院

宋楷体字看起来让人赏心悦目，得益于它形状方正，笔画秩序感很强，书写时要求构成严密，分布平均，字的边角分明，横平且细，竖直且粗，但对于宋体字的横画细，尾部有个像是三角形的钝角，以及竖画粗的特点，也经过了漫长的刻版试验。由于宋体字发明于宋朝，固定于明朝，所以日本人叫它“明朝体”。

几百年来，随着文化事业的发展及雕版印刷、活字印刷的应用，又出现了长宋、扁宋、仿宋等多种字体，这都是宋体字的变形。随着中西方文化的交流，近代西方印刷术也传入了中国，受西文字的影响，黑体、美术字体等多种新的字体应运而生。但外来字体的传入也并未撼动宋体字的地位，这充分说明了宋体字独具美感，且适宜印刷刻版，因此最终成为印刷的主要字体。

李白醉草与蕃书

“干戈不动远人服，一纸贤于百万师。”千百年来，一直在民间流传着唐朝大诗人李白受唐玄宗的指示，起草答复“蕃书”的故事。据说，在唐玄宗时，有一个蕃国突然派遣使节来到长安，使者除了带来一份国书，身边没有携带任何进贡之物。国书的文字非常奇特，“非草非隶非篆，迹异形奇体变”，满朝文武大臣竟然没有一个人能看懂它的内容。玄宗皇帝知道后非常生气，说道：“我大唐竟会没有人能认识蕃书一字，这岂不被人耻笑！”于是，他当即下了一道圣旨：如果 3 天内没有人能够辨识蕃书，就将5品以上的官员一律罢免。这下子，满朝文武可都慌了神。

第二天，礼部尚书贺知章向玄宗皇帝推荐了李白。李白应召来到金殿上，手捧着蕃书，大声朗读出来。

原来，这是东北地区的渤海国给唐王朝的一份国书，国书上是这么写的：自从贵朝占领高丽，离我国更近了，守卫边界的士兵常犯我境，不知是不是您的指令？现在我不能再忍了，差官赍书来说，如果把高丽176座城分给我国，我会每年奉送好东西，贵国都有份。它们是太白山之虎、南海之昆布、栅城之鼓、扶余之鹿、郊颉之豕、率滨之马、沃野之绵、沱湄之鲫、九都之李、乐游之梨。如果不按此做，咱们就刀兵相见，一决胜负。

玄宗皇帝听后震怒，立即让李白再用蕃文写一封回书。可是，生性狂放的李白却乘机"敲诈"唐玄宗：要让宰相李林甫为他磨墨，太监高力士为他脱靴。无奈之下，唐玄宗便答应了他的要求。之后李白欣然就座，很快用蕃文写成了一封诏书，并用汉字写一份一模一样的让皇帝看。唐玄宗接过，只见上面写着：

大唐皇帝诏谕渤海可毒夫(渤海国王称号)：本朝应命开天，抚有四海，恩威并用，中外悉从。颉利背盟，旋即被缚。是以新罗奏织锦之颂，天竺致能言之鸟，波斯进捕鼠之蛇，沸林献曳马之狗；白鹦鹉来自河陵，夜光珠贡于林邑；骨利干有名马之纳，泥婆罗有良才之馈。凡诸远人，毕献方物，要皆畏威怀德，买静求安。高丽抗命，天讨再加，传世九百，一朝残灭，岂非逆天衡之明鉴欤！况尔小国，高丽附庸，比之中朝，不过一郡。士马刍粮，万不及一。若螳臂自雄，鹅痴不逊，天兵一下，玉石俱焚，群如颉利之俘，国为高丽之续。今朕体上天好生之心，恕尔狂悖，急宜悔过，洗涤其心，勤修岁事，毋取羞辱于前，翻悔诛戮于后，为同类者所笑。尔所上书不遵天朝书法，盖因尔邦所居之地，遐荒僻陋，未睹中华文字，故朕兹答尔诏言，

李白醉写番表

清代年画

另赐副封，即用尔国字体，想宜知悉，敬读不怠。

蕃使看后，大为叹服。退朝后，他立即询问李白："李学士好生厉害，他是从哪里学习到渤海国的土文的？"李白答道："我本是一文人，平生喜爱周游，对贵国早有耳闻，知道有一个山还和我的名字一样（当时，唐朝人称长白山为太白山，李白字太白，所以称'有山同名'），很是向往，所以和贵国有学之士常来往学习，只是学了点面上的东西。"

原来，这份"蕃书"是用渤海国流行的原始森林图画文字写成的。通过目前的考古发现和对渤海国的研究可以判断，汉字只是渤海国通用的官方文字，但并不是渤海国民众的通用文字。据传原始森林图画的象形文字的流行，是因为渤海国境内的原始森林非常多，人们为了不在大森林中迷失方向会将象形符号，刻在树上，作为指路标志。根据专家考证，这种符号文字比纳西族的"东巴文"还要古老，日积月累，这种符号的词汇量日益丰富，就逐渐发展成为老百姓进行日常交流的原始图画文字。

另一种蕃书是由党项族人创制的、与渤海国文字类似的民族书面语言文字，后人因这种文字在西夏国境内使用，便把它称为"西夏文"〔1〕，元代称其为"河西字"〔2〕。

"蕃"是我国古代针对汉族以外民族的泛称。西夏国李元昊称帝建国后，创制了一种本民族的文字——"蕃书"，并设立"蕃字院"，进行大力推广和应用。"蕃书"模仿汉字创制，笔画虽烦琐，但结构匀称，看上去比汉字更为饱满。元代编纂的《宋史》卷四八五《夏国传（上）》

---

〔1〕 吴峰云，杨秀山．西夏文明［M］．银川：宁夏人民出版社，2016：95.

〔2〕 郑天挺，吴泽，杨志玖，等．中国历史大辞典：下卷［M］．上海：上海辞书出版社，2000：3171.

中记载：“形体方整类八分，而画颇重复。”《辽史》卷一一五《西夏传》形容番书是“字若符篆”。此外，发现“凉州重修护国寺感通塔碑（称‘西夏碑’）”的清代西北史地学家张澍曾说西夏文字“乍视字皆可识，熟视无一字可识”。“蕃书”的使用一直持续到明代中叶。

关于西夏文蕃书的起源，目前学界暂无定论，综合而言，大致有如下四种观点：

第一，西夏的开国皇帝李元昊创制了蕃书。北宋曾巩《隆峰平集》曰：“元昊自为蕃书十二卷，文类符篆。”南宋李焘在《续资治通鉴长编》中沿用了曾巩的观点，卷一一九：“赵元昊（即李元昊，宋赐赵姓）自制蕃书十二卷，字画繁冗，屈曲类符篆。”

第二，元昊指示大臣野利仁荣创制了蕃书。《宋史》卷四八五《夏国传上》记载：“元昊自制蕃书，命野利仁荣演绎之，成十二卷。”《宋

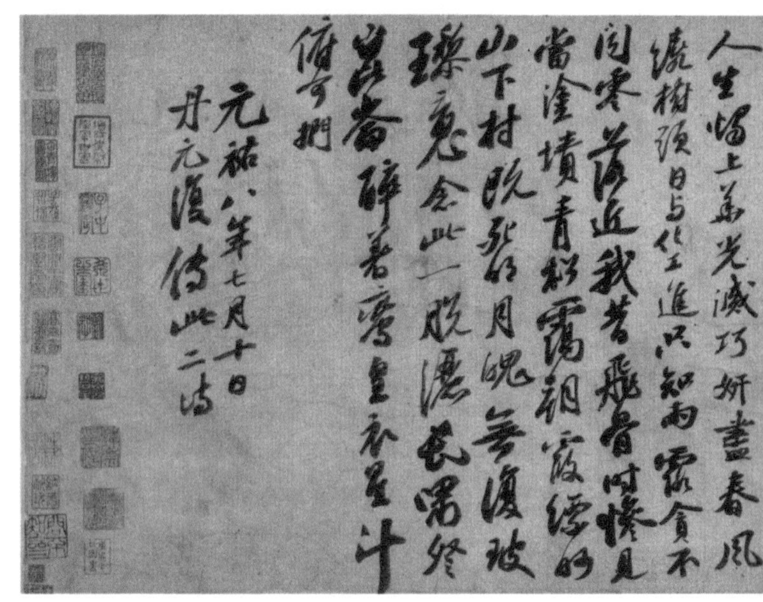

行书《李白仙诗》卷

（宋）苏轼 收藏于日本大阪市立美术馆

此作书于元祐八年（1093年）。此作行气从容，章法疏密有致，有极强的艺术感染力。据传，是道士丹元子口诵，苏轼写作而成。

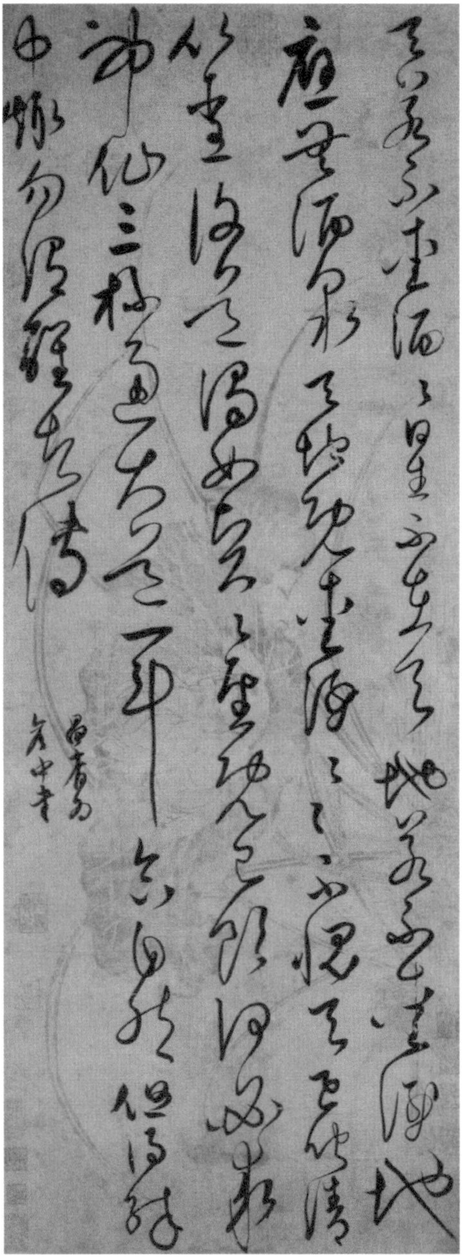

《草书太白酒歌》轴

（明）宋广　收藏于北京故宫博物院

纵87厘米，横33.6厘米。宋广笔画精熟，笔法流利洒脱。此为李白诗《月下独酌四首》之二。

史》卷四八六《夏国传下》记载：西夏第五代皇帝李仁孝“始封制蕃字师野利仁荣为广惠王”。

第三，元昊的臣子野利（遇乞）创制了蕃书。沈括《梦溪笔谈》卷二十五提道：“元昊果叛，其徒遇乞先创造蕃书，独居一楼上，累年方成，至是献之。”

第四，元昊的父亲李德明创制了西夏文蕃书。《辽史》卷一一五《西夏传》：李德明“晓佛书，通法律，尝观《太乙金鉴诀》《野战歌》，制蕃书十二卷，又制字若符篆”。[1]

尽管西夏蕃书的起源暂无从考究，但作为西夏独有的文字，它是中国文字的一个组成部分，有一定的地域特点和民族特点，它的出现既彰显了西夏文化的独立，又符合边疆地区少数民族的政治需求。更重要的是，它是为了满足党项人语言交流应运而生的文字工具，具有广泛的应用。迄今发现最早使用蕃书的官私使用文书是《瓜洲审判记录》。除此之外，其他应用西夏蕃书的实物亦有出土，大致有如下几类：一是佛经，这是蕃书文献中数量最多的实物；二是法律文献、文学作品、类书译著等世俗文献；三是碑文石刻和石窟寺题记；四是印章、符牌和钱币等[2]。

〔1〕 吴峰云，杨秀山. 西夏文明［M］. 银川：宁夏人民出版社，2016：97—98.

〔2〕 吴峰云，杨秀山. 西夏文明［M］. 银川：宁夏人民出版社，2016：102—104.

相关链接

甲骨文

何为“甲骨文”？所谓甲，就是龟甲；骨，是指兽骨（主要是牛肩胛骨）。古人经常用甲骨来占卜吉凶，在占卜以后，往往会把占卜日期、占卜者、所占卜的事情用刀刻在卜兆的旁边，有的还会把占卜后的吉凶应验也刻上去，这便是“甲骨文字”，简称“甲骨文”。

甲骨文最早发现于河南安阳的小屯村一带，是商王盘庚迁殷后到纣王亡国时期的遗物，距今已有3000多年。

甲骨文的内容非常广泛，可以说是无所不包：今年有敌国来进攻吗？要去打仗，能不能打胜？今年小麦会不会丰收？王后什么时候生孩子？生的孩子是男还是女？根据著名甲骨学家胡厚宣先生的研究，现已出土的甲骨有16万片左右。其中，甲骨文有3500多个字，可以清楚辨认的大约有1700多个字。这些甲骨文并不是原始的图像和符号，而是在原有表达事物的符号的基础上做了一定的抽象和夸张。随着甲骨学研究的日益深入，相信中国上古社会的许多不解之谜将被我们一一破译。

甲骨文与埃及的“纸草文字”、巴比伦的“泥版文书”同为人类历史上最宝贵的文化遗产。从古老的甲骨文到现代的汉字，中华文字不仅对中华民族的发展起到凝聚和推动的效果，而且记录了中华民族光辉灿烂的文明史。

第三章 风流书者：古代著名书法大家

独步书坛的『蔡中郎』

蔡邕是汉代陈留郡圉县（今河南杞县）人，东汉时期著名的文学家、书法家。在汉献帝的时候，他曾任左中郎将，所以后人都称他为“蔡中郎”。建宁四年（171 年），蔡邕在司徒桥玄手下做官，备受厚待。汉灵帝时期，因为汉灵帝喜欢辞赋，所以召蔡邕入京担任郎中，负责在东观校书，又升迁议郎。不久，因为他带头弹劾宦官，遭到诬陷，被流放到朔方郡。后来，灵帝怜惜他的才能，便赦免了他的罪过，并准许他返回原籍。被赦之后，蔡邕不敢回乡，在江南流亡 12 年。汉献帝时，董卓专政，为收买人心，征召蔡邕入都。蔡邕回到洛阳后，先任侍御史，后升任左中郎将。公元 190 年，董卓挟持汉献帝迁都长安后，蔡邕被封为“高阳乡侯”。后来，王允诛杀董卓，蔡邕也受到牵连，不幸死于狱中。

在中国书坛上，蔡邕具有举足轻重的地位。童年时，他受到良好的教育，太傅胡广曾经担任他的老师。他才华横溢，不仅精通经史，还喜爱数术和天文，会音律，擅长鼓琴、绘画，精工篆隶，尤其以隶书著称。在书法领域，蔡邕善于总结前人的用笔经验，加以融会贯通，形成了自己的独特风格。

蔡邕不是一个闭门读书、写字的痴人。他经常出门旅行以捕捉灵感、丰富阅历，从生活小事中学习。

据说有一天，他要把写好的文章送到皇家藏书的鸿都门去，怎奈皇家藏书之地不能轻易进入，需要通报等待。蔡邕等待接见的时候，有几个工匠正用扫帚蘸着石灰水在刷墙，他就站在一旁边看边等。一开始，蔡邕并未在意这刷墙的细节，可看着看着，他渐渐看出点“门道儿”来了。只见工匠一扫帚刷下去，墙上便会出现一道白印。由于扫帚枝桠比较稀，蘸不了多少石灰水，加之墙面又不太光滑，所以一扫帚下去，白道中间仍有些地方露出墙皮来。见此情景，蔡邕眼前一亮，不禁联想到新的写字运笔方法：以往写字用笔蘸足了墨汁，一笔下去，笔道全是黑的，要

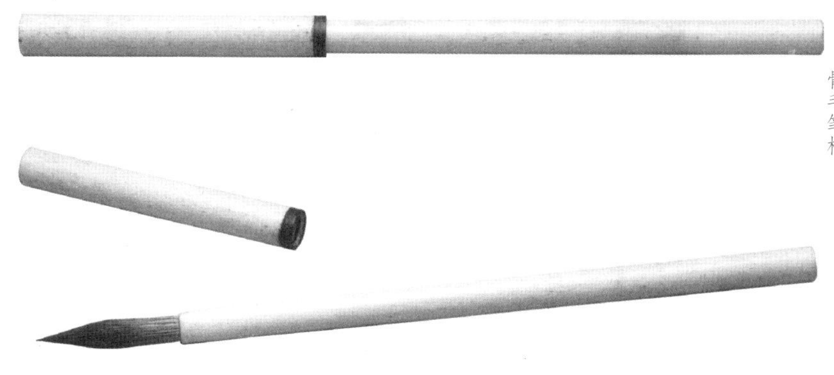

清代毛笔杆
收藏于中国台北『故宫博物院』
骨毛笔杆。

清代莘田款诗文抄手端砚
收藏于中国台北「故宫博物院」

是像这些工匠刷墙一样，让黑笔道里露出些许帛或纸的空隙来，岂不是更加生动自然吗？想到这儿，他心潮澎湃，交了文章后便飞奔回家而去。

回到家里，蔡邕立即准备好笔墨纸砚，开始琢磨新的运笔方法。他脑中回想着工匠刷墙时的情景，想依葫芦画瓢，谁知脑中所想与实际所做很难一致。起初运笔写字的时候，他要么墨蘸多了露不出纸来，要么力道不足露出来的部分太过生硬了。但他一点也不灰心，一次不行，便再试一次。最后，他在蘸墨多少、用力大小和行笔速度等方面，逐渐把握住分寸，并熟练运用各种技巧，终于写出了黑色中隐隐露白的笔道，使每个字都变得飘逸飞动，别有风味。蔡邕独创的这种写法，很快便被推广开来，人们称之为“飞白书”。

此外，蔡邕认为当时流传的儒家典籍中文字错误颇多，为了不耽误后学，汉灵帝熹平四年（175 年），他便与众官上奏灵帝获准刻立标准化的石经。蔡邕亲书于碑，延工镌刻，立于太学门外，石经碑矗立伊始，观览摹写的人众多，车乘每日千余辆，填塞街陌[1]。

总之，蔡邕不仅是一位著名的书法家，还是汉代书法理论的集大成者。据史书记载，蔡邕的传世书论有《篆势》《笔赋》《笔论》《九势》等。其中，《笔论》和《九势》对于后世的影响极大。他的书法思想和观点，

〔1〕 刘乾先，董莲池，张玉春，等. 中华文明实录［M］. 哈尔滨：黑龙江人民出版社，2002：951.

对于后人撰写书法具有重大的指导意义。在《笔论》里，蔡邕一开篇就提出："书者，散也。欲书先散怀抱，任情恣性，然后书之；若迫于事，虽中山兔豪不能佳也。夫书，先默坐静思，随意所适，言不出口，气不盈息，沉密神彩，如对至尊，则无不善矣。"〔1〕这段论述了书法的艺术本质是抒发情怀，在书法创作时应当怀有饱满的精神状态。蔡邕认为书法作品应当展现大自然中各种生动美好的情景，他强调书法艺术应当追求形象美。在《九势》中，蔡邕先提出了书法"肇于自然，自然既立，阴阳生焉；阴阳既生，形势出矣"〔2〕的重要思想，阐示了汉字结构所蕴含的美感因素。之后，蔡邕又阐述了 8 种运笔规则，以表现生动有力的笔势："藏头护尾，力在字中，下笔用力，肌肤之丽。故曰：'势来不可止，势去不可遏，惟笔软则奇怪生焉。凡落笔结字，上皆覆下，下以承上，使其形势递相映带，无使势背。'"

萧衍在《古今书人优劣评》中将蔡邕的书法特点概括为："蔡邕书骨气洞达，爽爽如有神力。"〔3〕张怀瓘《书断》中评价蔡邕："仪容奇伟，笃孝博学，能画，又善音律，明天文、数术、灾变，卒见问，无不对。工书，篆、隶绝世，尤得八分之精微。体法百变，穷灵尽妙，独步今古。"〔4〕刘熙载《书概》中评价："蔡中郎但谓书肇于自然，此立天定人，尚未及乎由人复天也。"〔5〕

---

〔1〕 陈思编 . 书苑菁华校注［M］. 上海：上海辞书出版社，2013：3.

〔2〕 陈思编 . 书苑菁华校注［M］. 上海：上海辞书出版社，2013：283.

〔3〕 黄简 . 历代书法论文选：上［M］. 上海：上海书画出版社，1979：81.

〔4〕 张怀瓘 . 书段［M］// 庐佩民，黄林华，姜小青，等 . 泰州文献：第四辑 . 南京：凤凰出版社，2015：19.

〔5〕 王大亨，欧阳恒忠 . 刘熙载书概签注［M］. 桂林：广西师范大学出版社，桂林：漓江出版社，1990：320.

『正书之祖』钟繇

钟繇（151—230年），字元常，东汉末颍川长社（今河南长葛市）人。东汉时曾举孝廉，除尚书郎、阳陵令。因知军政，三国时颇得曹氏父子赏识，当时马腾、韩遂拥兵关中的时候，钟繇以侍中守司隶校尉、持节督导关中军队。曹操征战袁绍的时候，关中的补给和供应是最重要的一环。在这之后，钟繇又平定郭援、卫固叛乱，使朝廷无西顾之忧。魏明帝时，迁太傅、封定陵侯，死后谥成侯。[1]钟繇与张芝、王羲之齐名，并称“钟张”“钟王”，加上王献之，合称书中“四贤”。他尤

〔1〕 张宏儒，张晓虎．中华人物史鉴：第二卷［M］．北京：团结出版社，1997：1096.

精于楷书，被称为“正书之祖”。

据传钟繇小时候就相貌不凡，聪颖过人。有一次，他和叔父钟瑜一起去京师洛阳，行至途中遇到一位算命先生。这位算命先生一看到钟繇，便对他叔叔钟瑜说：“此人面有贵相，但可能会遭遇落水之灾，一定要小心啊！”果然，叔侄二人没走出多远路程，来到一座桥边，在过桥时，钟繇所骑的马匹突然受到惊吓，将他掀翻马下，跌到河里，差点淹死。经此一劫，叔父钟瑜认定钟繇将来一定会大有出息，对他更加潜心培养。钟繇也不负家人厚望，刻苦攻读，后来当上了侍中、尚书仆射，被封为“东武亭侯”。魏文帝曹丕还赐给钟繇“五熟釜”（一种器皿），而且亲自作铭文曰：“于赫有魏，作魏藩辅。”

钟繇的书法师承曹善、蔡邕、刘德升，据唐代张彦远《法书要录·笔法传授人名》说：蔡邕受于神人，而传于蔡文姬，而文姬传之钟繇。钟繇博采众家之长，兼善各类书体，对于隶、楷颇为精通，他最拿手的字体当属正楷，精研细磨，研究了以前篆书的风貌，引进入楷，焕然一新。钟繇的楷书字体较扁，很像隶书，点画多奇趣，结体茂密修长，萧疏飘逸。羊欣《笔阵图》曾云：“繇精思学书，卧画被穿过表，如厕终日忘归。每见万类，皆书象之。”〔1〕

南朝萧衍在《古今书人优劣评》中评价钟繇书法：“钟繇书如云鹄游天，群鸿戏海，行间茂密，实亦难过。”〔2〕

南梁庾肩吾的《书品》将钟繇与张芝、王羲之并列品上之上。评其书云：“帷张有道、钟元常、王右军其人也。张工夫第一，天然次之，衣帛先书，称为‘草圣’。钟天然第一，工夫次之，妙尽许昌之碑，穷

〔1〕 李昉，扈蒙，李穆，等. 太平广记：下［M］. 沈阳：万卷出版公司，2014：295.

〔2〕 黄简. 历代书法论文选：上［M］. 上海：上海书画出版社，1979：81.

钟繇像

选自《古圣贤像传略》清刊本　（清）顾沅/辑录，（清）孔莲卿/绘

钟繇，三国魏大臣，书法家。东汉末任黄门侍郎。曹操执政时，任侍中守司隶校尉。魏明帝即位，迁太傅，人称『钟太傅』。他精工书法，师法曹喜、蔡邕、刘德升等，博采众长，形成由隶入楷的新趋向。

极邺下之牍。王工夫不及张，天然过之；天然不及钟，工夫过之。”〔1〕

唐张怀瓘《书断》认为，钟繇的隶书是神品，八分草书为妙品。评其书云：“繇善书，师曹喜、蔡邕、刘德升。真书绝世，刚柔备焉，点画之间，多有异趣，可谓幽深无际，古雅有馀，秦、汉以来，一人而已。虽古之善政遗爱，结于人心，未足多也，尚德哉若人。其行书则羲之、献之之亚，草书则卫、索之下，八分则有《魏受禅碑》，称此为最。”〔2〕

钟繇对于书法艺术达到了痴迷的程度。《太平广记》中记载：“繇乃问《蔡伯喈笔法》于韦诞，诞惜不与。乃自捶胸呕血，太祖以五灵丹

〔1〕　黄简 . 历代书法论文选：上［M］. 上海：上海书画出版社，1979：87.

〔2〕　张怀瓘 . 书段［M］// 庐佩民，黄林华，姜小青，等 . 泰州文献：第四辑 . 南京：凤凰出版社，2015：19—20.

救之得活。及诞死，繇令人盗掘其墓，遂得之，由是繇笔更妙。”[1]意思是说钟繇曾向韦诞借阅蔡邕书法字帖，但遭拒，于是他捶胸顿足，呕血昏厥，魏太祖曹操闻讯后急忙用五灵丹将其救活。等到韦诞逝世后，钟繇派人盗掘了他的坟墓，找到了蔡邕字帖，从此以后，钟繇的运笔百尺竿头更进一步。

钟繇的书体主要是楷书、隶书和行书。到东晋时，他的书法真迹已经失传，如今流传的多为临摹本。一般认为，他的代表作有“五表”“六帖”“三碑”。其中，《荐季直表》艺术成就很高，元朝人陆行直曾称赞此表“高古纯朴，超妙入神，无晋、唐插花美女之态”，是“无上太古法书，天下第一妙迹”。

钟繇的书法古朴典雅，字体大小相间，整体布局严谨，书体自然流丽，平淡真淳，追求自然美。在钟繇之后，许多书法家竞相学习“钟体”，如王羲之父子就有多种钟体临本。后来，张昶、怀素、颜真卿、黄庭坚等人都曾从各方面吸收“钟体”之长。

总之，钟繇在中国书法史上占有重要地位，对于汉字书法的创立、发展、演变都有重要作用。

---

〔1〕 李昉，扈蒙，李穆，等．太平广记：下［M］．沈阳：万卷出版公司，2014：295.

书圣王羲之与《兰亭序》

王羲之，字逸少，琅琊临沂（今山东临沂）人，后徙居会稽山阴（今浙江绍兴），官至右军将军、会稽内史，世称“王右军”。

王羲之的草隶、八分、飞白、章行等都是精品，尤其草隶为古今之冠。王羲之出身于两晋的名门望族，幼时不好言语，很小的时候就拜了当时著名的女书法家卫夫人为师，临池学书，池水尽黑。十二岁时，经父亲传授笔法，他遍看前代的书法作品，并改变了曾经的风格，更加进发。之后他渡江游览名山大川，取众家之长，草书学习张芝，正书学习钟繇，又学习了蔡邕、梁鹄、张昶等书，精细地研究体势，对于古法做增做损，“兼撮众法，备成一家”，一改汉、魏的朴质书风，创制了一种美妍流便之体，并将行书的书法艺术推向了“贵越群品，古今莫二”的高度。

行书，是一种介于正规写法与草写之间的流行书体。如果说正规写法是楷书、隶书、篆书，那么行书就是在这些正规书法基础上的草写或简化。一般而言，行书出现于汉末，据说是颍川人刘德升创作。东晋时期的王氏家族中有很多人擅长行书，其中又以王羲之、王献之父子最为著名，人称“二王”。

东晋穆帝永和九年（353年）三月初三，王羲之约了谢安、孙绰等几十位好友，一同到会稽兰渚山春游。一路上，他们一边观赏山野春色，一边说说笑笑。兰渚山里有条小溪，名叫曲水，谈笑之间，众人来到了曲水溪边有座叫作“兰亭”的小亭子。当时中国南北多地有个古老的习俗，即每年三月三在水边祭祀，便可以免除一年的灾祸。因此，王羲之一行人遵照习俗，开始了水边祭祀。大家沿着溪水的流向在岸边摆放了小桌

《王羲之像》
佚名 收藏于北京故宫博物院
东晋时期著名书法家，有『书圣』之称。北宋著名书法家、画家米芾对其评价：『谢安慰问帖，字清古，在二王之上，宜乎批评子敬帖尾也。』

《兰亭修禊图》卷
（明）钱穀　收藏于美国纽约大都会艺术博物馆

纵 24.1 厘米，横 435.6 厘米。这幅画描绘了东晋王羲之《兰亭序》中的景象：崇山峻岭，树木茂盛，溪流蜿蜒，畔边众多文士雅集于此，文会赏景，溪中的酒觞自上游缓缓漂下——『曲水流觞』。

《兰亭序》

（东晋）王羲之/原作　此为（唐）冯承素摹本　收藏于北京故宫博物院

《兰亭序》又名《兰亭集序》《禊序》《禊帖》等，是王羲之的代表作，被誉为『天下第一行书』。此次集会发生在东晋穆帝永和九年（353年）三月三日，王羲之与谢安等四十一人，在会稽山阴之兰亭『修禊』，集会中各位文人纷纷作诗，并由王羲之作序。他在序中记述了兰亭的自然美景和集会的场景，还有对时光易逝和生死无常的感慨。

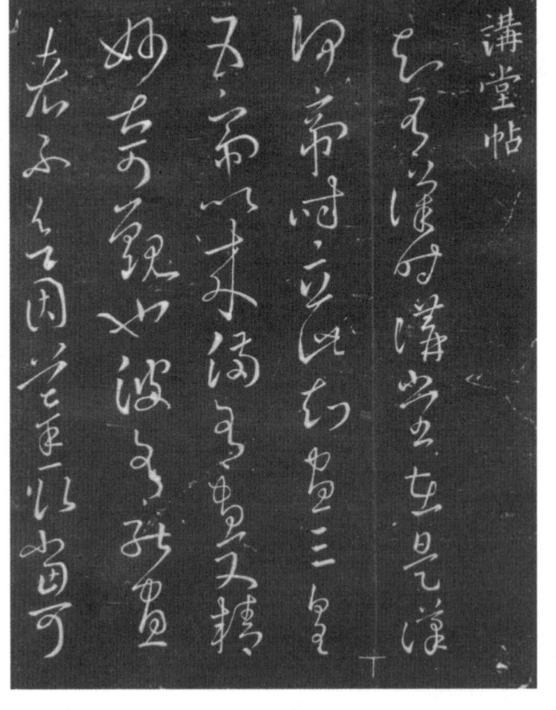

《讲堂帖》（局部）

选自宋代《北山堂十宝》　收藏于香港中文大学文物馆

墨拓，又称《汉时讲堂帖》，6行，49字。此帖是王羲之询问朋友汉代讲堂遗迹的书信。原迹早佚，现传世的是刻本。原文：『知有汉时讲堂在，是汉何帝时立此？知画三皇五帝以来备有。画又精妙，甚可观也。彼有能画者不？欲因摹取，当可得不？信具告。』

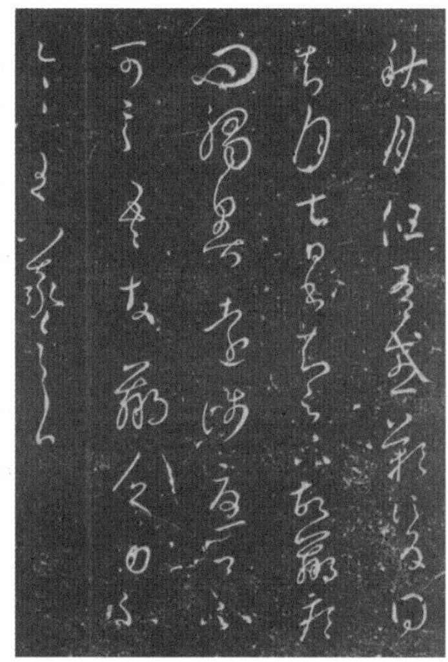

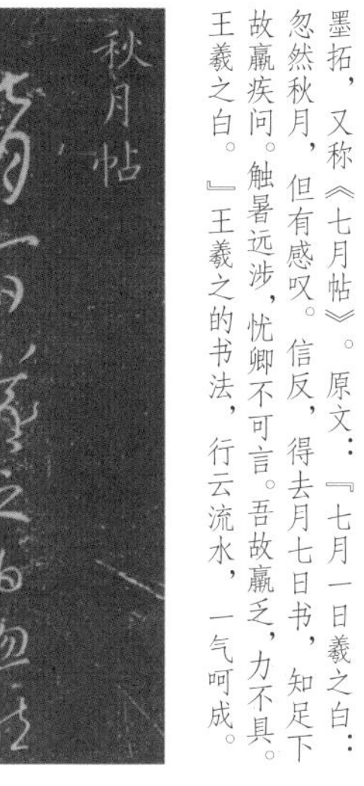

《秋月帖》
选自宋代《北山堂十宝》 收藏于香港中文大学文物馆墨拓，又称《七月帖》。原文：『七月一日羲之白：忽然秋月，但有感叹。信反，得去月七日书，知足下故羸疾问。触暑远涉，忧卿不可言。吾故羸乏，力不具。王羲之白。』王羲之的书法，行云流水，一气呵成。

凳，上面放好了酒菜和纸笔，大家依序分坐在间隔不远的凳子上，指派一人拿着斟满了酒的酒杯，自上游把酒杯放到水里，让它顺着溪水漂流下来。如果盛了酒的酒杯，漂到谁的面前停下来，按照事先的约定，谁就得把杯里的酒喝干，喝完还要即兴作诗一首，作不出的就得罚酒三杯。

集会从中午持续到了傍晚，他们都喝了不少酒，也作了不少诗。最后，大家商议着把众人作的诗汇集到一起，编成一本诗集，因为这些诗作于兰亭前，于是命名为《兰亭集》，并请王羲之作序。

王羲之欣然同意，随即拿起用蚕茧丝做的上等好纸和名贵的鼠须笔，思索片刻，饱蘸浓墨，趁着酒兴，借着几分醉意，就用行书体笔走龙蛇般写将起来："永和九年，岁在癸丑，暮春之初，会于会稽山阴兰亭……"

须臾之间，序文写完了。这篇序文共三百二十四字，思想感情非常丰富，文辞也很优美，而且用笔舒展自然，流畅明快，富于变化。特别是文中写了二十几个"之"字，每个之字的形态都随着上下字的笔势变

《行书临柳公权兰亭诗》卷
（明）董其昌　收藏于北京故宫博物院

化而变化，姿态各异，同上下相邻的字相得益彰，没有一个写法是雷同的。众人齐声喝彩："这文章写得好，字写得更妙，不愧是大家手笔！"这篇一气呵成的序文，就是王羲之流传千古的书法名篇《兰亭序》帖，世称"天下第一行书"。

王体行书遒劲有力，变化莫测，是力度与风韵的默契交融，是动势与静态的高度融合，这在王羲之晚年的时候表现更为突出。南朝萧衍在《古今书人优劣评》中高度评价了王羲之的书法："王羲之书字势雄逸，如龙跳天门，虎卧凤阙，故历代宝之，永以为训。"[1]

唐代张怀瓘在《书断·中》评价王羲之："尤善书，草、隶、八分、飞白、章、行，备精诸体，自成一家法，千变万化，得之神功，自非造化发灵，岂能登峰造极。然剖析张公之草，而浓纤折衷，乃愧其精熟；损益钟君之隶，虽运用增华，而古雅不逮。至研精体势，则无所不工，

〔1〕　黄简．历代书法论文选：上［M］．上海：上海书画出版社，1979：81.

兰亭端砚

收藏于中国台北『故宫博物院』

长方形砚台。以王羲之会稽山兰亭雅集作为背景，此砚台右下侧刻的是王羲之的兰亭集序全文，开端有双龙圆玺，砚的背面则刻有乾隆四十一年之砚铭，据说清圣祖曾经用过此砚。

清代兰亭笔筒
收藏于中国台北『故宫博物院』
高 20.3 厘米，直径 22 厘米。

亦犹钟鼓云乎，《雅》《颂》得所。观夫开襟应务，若养由之术，百发百中，飞名盖世，独映将来，其后风靡云从，世所不易，可谓冥通合圣者也。”〔1〕

唐太宗李世民也非常喜欢王羲之的书法，亲为《晋书》撰写《王羲之传论》。赞其书曰：“所以详察古今，精研篆、素，尽善尽美，其惟王逸少乎！观其点曳之工，裁成之妙，烟霏露结，状若断而还连；凤翥龙蟠，势如斜而反直。玩之不觉为倦，览之莫识其端，心慕手追，此人而已。其余区区之类，何足论哉！”〔2〕

王羲之去世后，《兰亭序》传至七代孙智永。后来，智永出家当了和尚，临终前，他又将《兰亭序》交给一个叫辩才的弟子。唐太宗早就想一睹其真迹，当他得知《兰亭序》在辩才手中，便召其进宫，百般殷勤地款待他，搞得辩才丈二和尚摸不着头脑，不明白唐太宗为什么对他这么好。

果然，“醉翁之意不在酒”。几天后，辩才才明白唐太宗原来是想跟他索要《兰亭序》。那辩才也不是傻瓜，就搪塞说，过去他侍奉智永

---

〔1〕 张怀瓘．书段［M］// 庐佩民，黄林华，姜小青，等．泰州文献：第四辑．南京：凤凰出版社，2015：20.

〔2〕 萧元．初唐书论［M］．长沙：湖南美术出版社，1997：95.

禅师时，的确曾有幸目睹《兰亭序》的真迹，但是智永禅师圆寂后，《兰亭序》也不知去向了。

唐太宗无奈，便召来“智囊”们，让大家想办法。大家经过讨论，一致推举萧翼“出山”。萧翼这个人很有才干，他领命后，很快就想出了一个好办法。他来到永欣寺，找到辩才，极尽所能地与其套近乎，两人很快成为莫逆之交。

在交谈中，萧翼自称是从北方来买蚕种的大商人，平生酷爱书法，身边携有几幅王羲之的真迹。辩才一听喜出望外，忘形之中竟透露了自己有《兰亭序》的真迹。眼见鱼儿就要上钩，萧翼非常高兴，便故意“一本正经”地说：“经过这么多年的风风雨雨，《兰亭序》恐怕早就不在了。即使有，十之八九也是临摹本！”辩才哪里知道这是萧翼使的“激将法”，于是便将《兰亭序》真迹从秘藏于房梁之上的包裹中取出，说：“此乃吾师智永禅师临终前亲授。”萧翼看后却一口咬定，这绝不是“真迹”，这让辩才也将信将疑。

从此以后，辩才便放松了警惕，不再把这幅《兰亭序》视为珍宝。有一天，辩才下山巡游。萧翼便趁机将《兰亭序》的真迹悄悄带走，献给了唐太宗。唐太宗爱不释手，甚至死后也要将其作为陪葬品，埋藏在昭陵。

《兰亭序》的传世摹刻墨迹不少，石刻首推“定武本”，墨迹摹本以《神龙兰亭》为最著名。王羲之在我国的书法艺术史上具有继往开来之功，因此被后人尊为“书圣”。

王献之依缸习字

王献之，字子敬，是王羲之的第七个儿子。历官建武将军、吴兴太守、中书令，人称“王大令”，卒谥宪。王献之从小就非常出名，他豪迈奔放，无拘无束，是一个风流才子，正、行、草书都擅长，行草更是精湛，与其父并称“二王”。王献之不仅会写字，亦善丹青。他的草书在继承王羲之的基础上，更发展了豪迈奔放的一面，对后世书法影响很大，有“小圣”之称。

王献之练习字体的功道从他小时候与父亲相处的奇闻逸事之中就可以窥见一二。有一次，王羲之走进儿子的房间，看见儿子正在聚精会神地练习书法，竟未留意他的到来，便悄悄走到他背后，突然伸出手，去抽他手里的毛笔，想试一试他握笔力度如何。没想到，王献之写字时握笔很牢，居然没被抽掉。王羲之很高兴，赞扬道："你日后一定会有大名声的！"王献之听到父亲夸奖，不禁沾沾自喜。

又一次，王羲之邀请几位朋友来家做客。席间，大家谈天说地，聊得十分开心。正聊着，一位朋友突然看到小献之，打算考考他，便让他在扇子上写几个字。小献之毫不胆怯，挥笔便写。一不小心几滴笔墨落到了扇子上，正好把刚写的几个字也给污染得面目全非。正在众人尴尬之际，小献之却不慌不忙，顺手加了几笔，扇面上又多出了一只栩栩如生的小牛。众人看后，对小献之的书法和绘画才能赞不绝口，都说："真是虎父无犬子！"小献之听后，非常得意。王羲之夫妇知道后，却很不安，担心他产生骄傲情绪，学艺之路会停滞不前。

一天，王献之突然问母亲郗夫人："我的字只要再练上三年就大功告成了吧？"郗夫人听完，说："不行。""那五年总可以了吧？"郗夫人又摇摇头。这下子，小献之可真急了，冲着郗夫人说："母亲，那您说到底要练多久？""这院子里有十八缸水，你用这十八缸水研墨练字，把它们全用完了，你的字才会有血有肉，才能站得稳、立得直！"这个声音是从身后父亲那里传来的。听了父亲的话，小献之仍然心里不开心，但也不敢多说什么，只能坚持练字。转眼之间，五年过去了，王献之写完了六缸水，于是写了"大"字展示给父亲看。献之以为能够听到一些表扬，谁知道父亲看后，直摇头，只是在一个"大"字下加了一点，后就把字稿退还给小献之。

王献之见了，心里依然不服，又将这些字交给母亲看，并说："母亲，我又照着父亲的字帖练了五年。您仔细看看，我的字到底是为什么和父亲的字不同？"郗夫人认真地看了看，最后指着王羲之加的那个点儿，叹了一口气，说："唉！我的孩子磨尽六缸水，却只那一点是像羲之的！"

小献之一听，就是这一点，也被母亲一眼看出，顿觉自己功夫还不

王献之像

选自《二王帖》明刻本 （明）董汉策/刻

《世说新语》中记载，王献之看见父亲的几个门生玩一种名叫樗蒲的游戏，他在边上评论输赢，被猜测会输的人不高兴，说：『此郎亦管中窥豹，时见一斑。』其意是讽刺王献之看事情就像从管子里看豹，只见一块花斑，不见全豹。王献之回答说：『远惭荀奉倩，近愧刘真长！』荀奉倩是曹魏名士，为人清高，不与俗人交往；刘真长为东晋官员，同样为人清高。王献之所说『远惭』『近愧』的意思是受到卑贱门生评论，深以为耻，后悔不该接近并插话。这也是成语『管中窥豹』『拂袖而去』的典故。

到家，顿时没了精气神，垂头丧气地说：“如果是这样的话，我什么时候才能赶上父亲，练出绝佳妙笔呢？”郗夫人看见小献之的骄气已经完全被磨平了，就鼓励他说：“孩子，功夫不负有心人，只要你肯坚持不懈地练下去，就一定能练出一笔好字来！”小献之听完母亲这番话，很受鼓舞，就继续练了下去。而当献之练完了十八缸水之后，他的字也练到了炉火纯青的程度，在书法史上和王羲之齐名，被人们并称为“二王”。

南朝萧衍《古今书人优劣评》中评价王献之：“绝众超群，无人可拟，如河朔少年皆悉充悦，举体沓拖，不可耐何。”[1]唐代张怀瓘《书

---

〔1〕 黄简．历代书法论文选：引梁武帝评王献之书法上［M］．上海：上海书画出版社，1979：82.

《王献之休郗道茂续娶新安公主图》（局部）

（明）唐寅　收藏于意大利沃尔特斯艺术博物馆

图中讲述的是王献之、郗道茂、新安公主三人之间真实的爱情故事。郗道茂是王献之的原配妻子，与王献之是表姊弟，青梅竹马。新安公主是东晋简文帝司马昱的女儿，本来嫁给东晋权臣桓温的儿子桓济，桓温篡权失败后，新安公主回到宫里，因仰慕王献之的才华，便在皇帝的干涉下，威逼王献之与郗道茂分离，而娶她为妻。郗道茂被休后，一直未嫁，生活凄凉，郁郁而终。王献之先后写下《思恋帖》《奉对帖》《姊性缠绵帖》来表达对前妻的思念之情。

羲之笼鹅觅句图

选自《人物》册页　（明）郭诩　收藏于上海博物馆

纸本，水墨设色，王羲之一生除了酷爱书法，还有一个癖好——爱鹅。他认为养鹅不仅可以陶冶情操，还能从鹅的身体动态中领悟到更多书法上的创新。

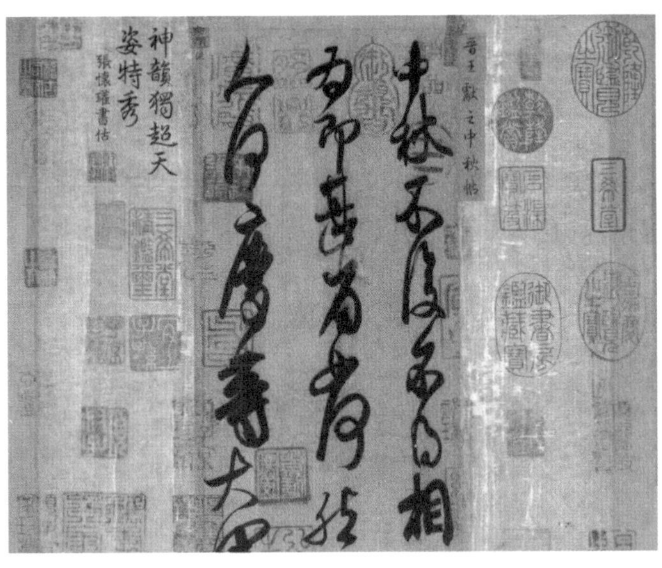

《中秋帖》

（东晋）王献之　收藏于北京故宫博物院

传晋王献之书，纸本，手卷，纵27厘米，横11.9厘米，草书3行，共22字。此帖被清乾隆皇帝誉为『三希』之一。原文为：『中秋不复不得相还为即甚省如何然胜人何庆等大军。』左边有张怀瓘评语：『神韵独超，天姿特秀』。

断·上》云："晋世以来，工书者多以行书著名。昔钟元常善行狎书是也，尔后王羲之、献之并造其极焉。……观其腾烟炀火，则回禄丧精，覆海倾河，则元冥失驭，天假其魄，非学之巧。若逸气纵横，则羲谢于献；若簪裾礼乐，则献不继羲。虽诸家之法悉殊，而子敬最为遒拔。"〔1〕

唐代李嗣真在《书后品》中评价王献之的书法："子敬草书，逸气过父，如丹穴凤舞，清泉龙跃，倏忽变化，莫知所自，或蹴海移山，翻涛簸岳。"〔2〕意思是说，王献之的草书潇洒脱俗，与众不同的意趣超过了他的父亲，如同凤凰在丹穴之山翩翩起舞，虬龙在清泉之中奔腾跳跃，顷刻之间变化万千，不知道它的神奇力量从何而来，有的就像海涛涌聚翻腾，山岳颠簸起伏。

〔1〕　张怀瓘．书段［M］// 庐佩民，黄林华，姜小青，等．泰州文献：第四辑．南京：凤凰出版社，2015：2—13.

〔2〕　萧元．初唐书论［M］．长沙：湖南美术出版社，1997：163.

『永字八法』与退笔成冢

智永是南北朝时期陈朝永欣寺的和尚，名叫法极，别号智永禅师，浙江会稽县人。智永本姓王，是东晋王羲之第七世孙，大约生在梁武帝年间，死于隋炀帝初年，历经梁、陈、隋三个朝代，活了将近百岁高龄。

智永的书法，以羲之、献之父子为宗师，综合了各种书体的特色，笔力纵横，尤其擅长草书。他在永欣寺深居简出，专心习字，每天雄鸡报晓便起床磨上一大盘墨，开始临摹王羲之的字帖，20 年从不间断。凭着这样的精神，智永终于学成，成了著名的大书法家。智永的楷书和草书都特点鲜明，柔美秀润且劲道十足，每年都有很多人来向他讨要墨宝，连门槛都要被踏破了，于是智永在门槛上包了层铁片，这就是当时人人知晓的“铁门限”。

智永还在屋里准备了好多容量为一石多的大竹筐，只要把笔写秃，就把笔头放在里面，就这样过了前后三十多年，五大篓秃笔满满的。后来，他在永欣寺前的空地挖了一个坑将这些破笔埋了起来，并取名“退笔冢”，还专门写文章来记录。这就是“退笔成冢”的典故。

智永对书法有两大贡献，第一是首创了“永字八法”；第二是写《千字文》。

“永字八法”中的“永”字包括了汉字八种基本的点画，即：横、竖、撇、点、捺、挑、钩、折，它概括了正楷书法艺术的精义，是书法初学者必须练习和掌握的基本笔法。

智永写的《千字文》是我国书法史上名垂千古的名迹。南北朝时，梁武帝十分喜欢王羲之的书法，于是搜集了王羲之曾经写的一千个字，命人把它们组成一篇《千字文》。《千字文》共有二百五十个句子，每句四个字，内容包罗万象。智永晚年时将梁代周兴嗣所撰《千字文》以真、草两体书写八百本，分发给江东各寺，其中一些手抄本流传到了日本、韩国，对这些国家的书法发展产生了显著的影响。

智永《千字文》的主要特点是和润平整，笔墨精到，楷书法度严谨，一笔不苟，用笔轻巧灵活，参入行法，牵丝映带十分活泼，点画飞动，情趣盎然[1]。清代何绍基如此评价智永所写的《千字文》：“笔笔从空中来，从空中住，虽屋漏痕，犹不足以喻之。”

细观智永的墨迹《千字文》，可以看得出他在用笔上尽量藏起头部，护住尾部，并且极含蓄而又有韵律，像一首古典音乐。这则帖子的用笔

〔1〕 邵永儒.楷书研习与欣赏［M］.北京：京华出版社，2010：144.

《真草千字文》册

（隋）智永　收藏于北京故宫博物院

宋拓本，北宋大观三年（1109年）薛嗣昌摹刻，共八石，每石二十七行，每半开尺寸纵23.8厘米，横11.5厘米。正、草书各一行间书，每行十二字。

天地玄黃宇宙洪荒日月
盈昃辰宿列張寒來暑往
秋收冬藏閏餘成歲律

梁武帝萧衍像

选自《历代帝王图像》　佚名　收藏于中国台北“故宫博物院”

萧衍，字叔达，南兰陵（今江苏常州西北）人。齐末时为雍州刺史，当时在位昏君荒虐无道，他起兵造反，拥立萧宝融，自封梁王，后又代齐建梁。在位期间崇尚儒学和佛道，广修寺院。公元548年，东魏降将侯景带兵破城，遂卒。他在位48年，擅长文学，有著述，后人撰《梁武帝御制集》记录。

极有法度，飘逸之中蕴含着分明的轻重，在掩藏锋芒的地方，却又显现锋芒，圆中且有方，结体平正而不呆板，一气呵成，又极富变化。可以说是唐宋以来，临摹者最想得到的范本。正如董其昌在《题楷书雪赋后》中的评价：“楷书以智永《千文》为宗极。”[1]

智永书艺继承祖法，正、行、草诸体兼能，草书尤胜。其书法对隋、唐书家影响甚大，隋炀帝也尝谓：“智永得右军肉，智果得右军骨。”

张怀瓘《书断》评其书法：“智永远祖逸少，历纪专精，摄齐升堂，真草惟命，夷途退辔，大海安流。微尚有道（张芝）之风，半得右军之肉，兼能诸体，于草最优。气调下于欧、虞，精熟过于羊、薄。”[2]将其楷书、行书、草书列入“能品”。苏轼《东坡题跋》亦云：“永禅师书，骨气深稳，体兼众妙，精能之至，返造疏淡。如观陶彭泽诗，初若散缓不收，反复不已，乃识其奇趣。”[3]

---

〔1〕马博．书法大百科：第四册［M］．北京：线装书局，2016：319.

〔2〕张怀瓘．书段［M］// 庐佩民，黄林华，姜小青，等．泰州文献：第四辑．南京：凤凰出版社，2015：28.

〔3〕楼鉴明，洪丕谟．历代书论选注［M］．上海：复旦大学出版社，1987：86.

颠张醉素

“颠张醉素”指的是中国书法史上的两位狂草书法家：唐代的张旭和怀素和尚。草书的起源其实和篆书、隶书等其他字体一样，并不明确。《史记》说：“战国时，楚怀王使屈原造宪令，草稿未上，上官氏见而欲夺之。”也就是说，草书原来起于草稿的字体，而且在战国时便已经形成。由于它的出现是为了发挥速写功能，比较省略草率，所以才称为“草书”。但这种草书只能说是古篆（当时使用的字体）的草稿，真正的草书则始于汉初，其演变过程应先有章草，后有今草，之后又有狂草等。

草书自楷书演变而来，有相当准确的精妙构架，所以比较容易辨认。张旭是唐代擅长草书的佼佼者。此人草书飘逸俊秀，蜚声朝野。晚唐文学家韩愈曾赞誉：“往时张旭善草书，不治他技，喜怒、窘穷、忧悲、愉佚、怨恨、思慕、酣醉、无聊、不平，有动于心，必于草书焉发之。观于物，见山水崖谷，鸟兽虫鱼，草木之花实，日月列星，风雨水火，

草书

形成于汉代，在隶书的基础上演变而来，打破了隶书的方正规矩，是一种比较草率放纵的字体，起初是供起草所用。它大致上分为三个发展阶段：早期草书、章草和今草（狂草）。整体来看，字体笔势更加波澜壮阔。

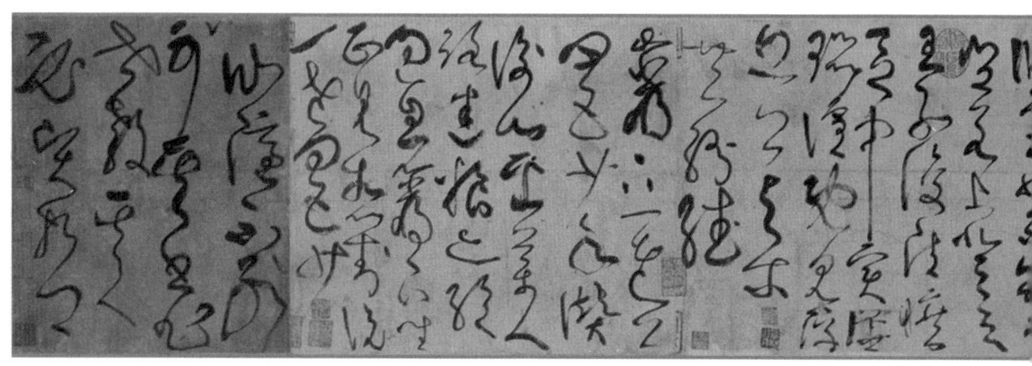

雷霆霹雳，歌舞战斗，天地事物之变，可喜可愕，一寓于书。故旭之书，变动犹鬼神，不可端倪，以此终其身而名后世。”[1]可见，张旭草书与心境相通相融，情绪多变，字也多变，自然会出现“颠状”。据传张旭非常喜欢喝酒，喝得酩酊大醉后便会狂奔大叫，之后挥笔疾书。有时，他还会用头发蘸着墨汁写字，酒醒后细细观赏自己的书法，简直龙飞凤舞，飘逸万态。人送“张颠”之称，实则颠而不乱，出奇出众，颠出了书法奇境。唐文宗时，曾下诏“三绝”，这“三绝”就是张旭的草书、李白的诗歌、裴旻的剑舞。大诗人杜甫的诗句《饮中八仙歌》中，也对张旭给予了极高的评价：“张旭三杯草圣传，脱帽露顶王公前，挥毫落纸如云烟。”

张旭是在堂舅陆彦远那里学习了“二王”的笔法。陆彦远承传他父

〔1〕 马博．书法大百科：第四册［M］．北京：线装书局，2016：61.

《草书古诗四首》

（唐）张旭　收藏于辽宁省博物馆

墨迹本，五色笺，凡四十行，一百八十八字，极为珍贵。人称『伏如虎卧、起如龙跳、顿如山势、推如泉流』。书法功力深厚，行笔婉转自如。

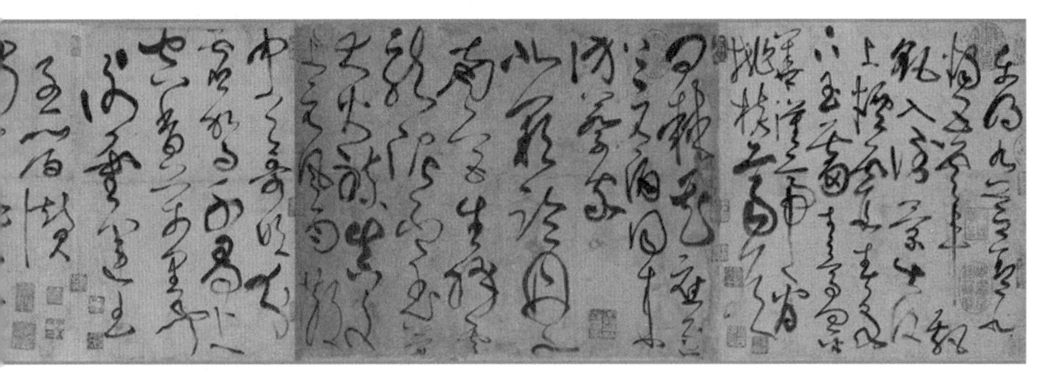

亲陆柬之的书法，到张旭这里，又独创新意。唐卢携《临池诀》记载："吴郡张旭言：自智永禅师过江，楷法随渡。永禅师乃羲、献之孙，得其家法，以授虞世南，虞传陆柬之，陆传子彦远，彦远仆之堂舅，以授余。不然，何以知古人之词云尔。"[1]张旭善于学习借鉴，集采众长，这是其草书达到出神入化之境的重要原因。

唐人张国《幽闲鼓吹》[2]中记述了一则关于张旭的故事，由此可见一斑。故事中说，张旭到常熟县担任县尉的时候，有一位老者因为一件鸡毛蒜皮的小事将别人告到县衙，张旭便给他写了一张判决书。但是这位老者却不以为意，继续上衙门和张旭闹将起来，张旭对此非常恼火，

---

〔1〕　黄简 . 历代书法论文选：上［M］. 上海：上海书画出版社，1979：293.

〔2〕　崔令钦，历代笔记小说大观：教坊记［M］. 上海：上海古籍出版社，2012：165.

▲草书《省启帖》

选自《淳化阁帖》宋刻本 （西晋）司马炎 收藏于香港中文大学文物馆

司马炎喜爱书法，落笔雄健，宋代书法家米芾称其：『武帝书其气象有若太古之人，自然淳野之质。张长史、怀素岂能臻其藩篱耶？』可见其气势非凡。内容：省启知既下，须防具具，扬州章项可可者，比尚拟之，动静更启也。数遣信还。

◀《草书七绝诗》轴

（明）董其昌 收藏于北京故宫博物院

纵145.1厘米，横34.7厘米。董其昌，字玄宰，号思白、香光居士，著名书法家。其运笔流畅，风格洒脱。

《芭蕉狸猫图》轴
（清）任颐 收藏于北京故宫博物院

藏真草聖兩閱多矣
未有如自叙之精妙
筆法走龍蛇焉具於
此壬子閏夏五日保
之行父景晉同觀

令畤夏日與
劉涇仲呂辯老過
都統太尉王公觀諸書
名畫如行山陰道上映
眩人目殆不可言遂知
兵火之餘珍奇多大莫
此若也因見
辯老素師自叙一洗眼
年青中塵土是真書
會紹興二年五月十二
日題 令畤德麟題

辯老藏懷素自叙後有
先人題字蓋紹聖三年謫
居高安時爲卿叶稽仲書
也不知流傳幾家以重於辯
老紹興癸丑三月九日過觀
於婺女馬軍轄潘氏之第

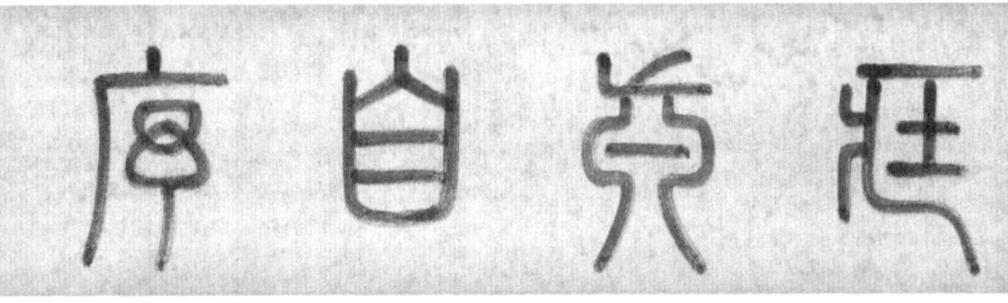

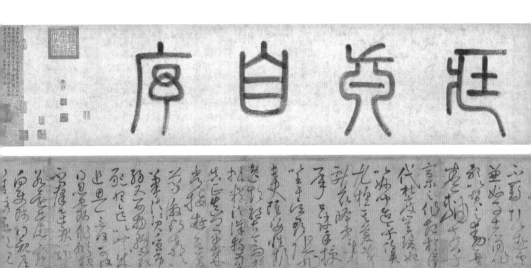

《自叙帖》

（唐）怀素 收藏于中国台北『故宫博物院』

纸本。28.3厘米×755厘米。此《自叙帖》卷是怀素自叙其平生事的草书作品，作于唐代宗大历十二年（777年），怀素当时五十三岁。他摘录诸家赠诗及颜真卿序，书成本卷，是怀素晚年草书的代表作。存世有三本，一在石阳休家，一在冯当世家，一在苏舜钦家。本卷为苏氏所藏本，历经南唐内府、宋苏舜钦、邵叶、吕辩、明徐谦斋、吴宽、文徵明、项元汴、清徐玉峰、安岐、清内府等收藏。据曾行公题，旧有米元章、薛道祖及刘巨济诸名家题识，今佚。

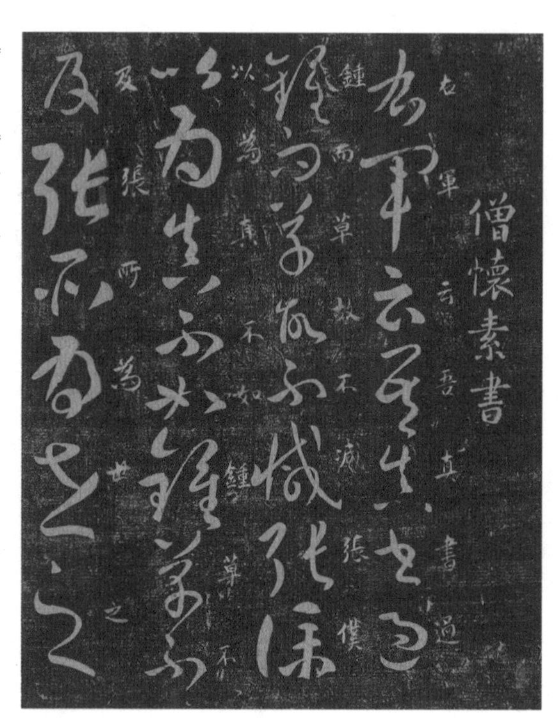

《过钟帖》（局部）
（唐）怀素 收藏于美国华盛顿弗利尔美术馆
怀素的草书称为『狂草』，对后世影响深远。

责备这个老者说："你怎么为了这么一点小事再次吵闹衙门？"这个老者回答说："大人，我不是为了来求判，我是想再看看你上次判决书里面的笔法精妙的书法，想要收藏起来。"张旭先是觉得诧异，随后便笑着与老者交谈起来。在谈话之间，当张旭了解到这位老者家里藏有其父的遗墨时，就约他拿来一起观览。当看到老翁先父的墨迹时，张旭不禁惊呼"天下工书者也"。从此，张旭又学习了老翁父亲运用笔法的妙旨，书法艺术又大为增进，成为名噪当时的一代书法大家。

怀素和尚生于唐开元二十五年（737 年），湖南永州（旧名零陵）人。年少时，由于家境贫寒，无以为生，他就去书堂寺做了和尚。怀素经禅之暇，极爱书法，在禅房中，人们很少听到他在念经，却常常看到他在寺后的那口怀化井里洗墨。不久以后，怀素离开书堂寺，回到了自己的家中。

在家中，怀素还是将自己的主要精力投入到最喜爱的书法艺术中。然而，练字需要几项最基本的开销，墨水倒是可以不用，用毛笔蘸水练字也可，发愁的是纸张。尽管唐代的纸价不算太贵，但是怀素家境贫寒，购买纸张成了他的一大经济负担。

这个问题一日不解决，怀素便一日无法安心练字。于是，他费尽心思终于想出了一个好办法。他在自己的居所旁边种上了大片芭蕉，因为芭蕉是多年生草本植物，叶子大而宽，恰似一张宽大的宣纸，这样一来，他既可以放开手脚、毫无顾虑地任意挥洒，又可以反复进行书写。等到大片芭蕉长成之后，怀素的家就被芭蕉遮盖成了“绿”屋子，因此，他就为自己的住处取了一个富有诗意的斋号——“绿天庵”。

怀素性情疏朗奔放，以“狂草”名世，他曾在《自叙帖》中自录时人对自己书艺的评价：“颜刑部书家者流……故叙之曰：‘开士怀素，僧中之英，气概通疏，性灵豁畅；精心草圣，积有岁时，江岭之间，其名大著……’其述形似，则有张礼部云：‘奔蛇走虺势入座，骤雨旋风声满堂。’卢员外云：‘初疑轻烟澹古松，又似山开万仞峰。’王永州曰：‘寒猿饮水撼枯藤，壮士拔山伸劲铁。’朱处士云：‘笔下唯看激电流，字成只畏盘龙走。”……李御史云：‘昔张旭之作也，时人谓之张颠，今怀素之为也，余实谓之狂僧；以狂继颠，谁曰不可。’……窦御史云：‘粉壁长廊数十间，兴来小豁胸中气，忽然绝叫三五声，满壁纵横千万字。’……”[1]

唐代文献中有关怀素的记载甚多，“运笔迅速，如骤雨旋风，飞动

〔1〕 许裕长．中国历代名家书法名帖：怀素［M］．南昌：江西美术出版社，2017：19—45.

北宋僧伽和尚像石雕
收藏于美国纽约大都会艺术博物馆
彩绘，石灰石。

圆转，随手万变，而法度具备”。王公名流也都喜爱结交这个疯和尚。唐人任华有诗写道：“狂僧前日动京华，朝骑王公大人马，暮宿王公大人家。谁不造素屏，谁不涂粉壁。粉壁摇晴光，素屏凝晓霜。待君挥洒兮不可弥忘，骏马迎来坐堂中，金盘盛酒竹叶香。十杯五杯不解意，百杯之后始颠狂。”

怀素喜欢喝酒，酒喝到一半，笔下也有了醉态；酒至颠狂，字犹如神龙。人虽然醉了，但其狂草始终狂而不乱，狂而不俗。怀素用笔，惯于圆转飞扬，流动自如，笔势若断若连，左右揖让，字迹疏密有致，大小相宜，气贯通篇，如黄鹤排空而去，似天河滔滔而来。前人评价怀素的狂草既继承张旭，又有新的发展，即“以狂继颠”。

千百年来，人们对怀素笔风及其墨迹趋之若鹜，由于种种缘由，墨宝大多遗失，至今尚存的还有《苦笋帖》《食鱼帖》《自叙帖》。

颜筋柳骨

颜真卿和柳公权都是我国历史上著名的楷书大家。颜真卿的书体被称为“颜体”，柳公权的书体被称为“柳体”，二人齐名，人称“颜柳”，后世更有“颜筋柳骨”的美誉。

颜真卿，字清臣，琅琊颜氏的后代。他的家世显赫，家学深厚，五世祖颜师古是北齐著名学者，著有《颜氏家训》。颜真卿一开始学习的时候是跟随褚遂良的，后来又跟随张旭，他汲取初唐各家之长，采用篆隶和魏碑的笔道，在其中求新求变，把初唐瘦硬清劲的风格变为雄强茂密的风格。他能够熔篆、隶、楷、行、草于一炉，如折钗股，如屋漏痕，又如印印泥，如锥画沙[1]，终以“颜体”自成一家，后世推崇备至，流风至今。其真书笔力雄健弥满，端庄雄伟，气势恢宏；行书强劲郁放，阔达自在。

---

〔1〕 马博，书法大百科：第九册［M］. 北京：线装书局，2016：48.

颜真卿的楷书和初唐时期的书风非常不一样，行以篆籀之笔，把瘦硬的笔体化为丰腴雄浑，结体宽厚博大而气势恢宏，笔力劲道，正气凛然。这种书体被唐人《书评》云：“如荆卿按剑，樊哙拥盾，金刚瞋目，力士挥拳。”朱长文《续书断》评说其书法为神品：“点如坠石，画如夏云，钩如屈金，戈如发弩，纵横有象，低昂有态，自羲、献以来，未有如公者也。”〔1〕

颜真卿的书法风格明显区别于“二王”及唐初诸家，颇能体现其人格与道德，是人格美与书法美的完美结合。欧阳修曾在《集古录》中评论说：“斯人忠义出于天性，故其字画刚劲独立，不袭前迹，挺然奇伟，有似其为人。”〔2〕《唐颜鲁公书残碑》：“余谓颜公书如忠臣烈士，道德君子，其端严尊重，人初见而畏之，然愈久而愈可爱也。其见宝于世者不必多，然虽多而不厌也。故虽其残缺，不忍弃之。”〔3〕《唐颜真卿麻姑山仙坛记》：“颜公忠义之节皎如日月，其为人尊严刚劲，象其笔划。”〔4〕

颜真卿的书法彰显了大唐蓬勃向上、繁盛恢宏的精神特质，是我国尚法书风的最高典范，其传世书迹尚多，墨迹有正书《自书告身帖》、行书《祭侄文稿》《刘中便帖》，碑刻有《争座位帖》《多宝塔碑》《东方画赞》《颜家庙碑》《麻姑仙坛记》《颜勤礼碑》《中兴颂》《八关斋记》等，后人辑有《颜鲁公文集》。

颜真卿三岁的时候，父亲就去世了，母亲没有办法，只好带着他回到娘家。他的外祖父是位书画家，非常喜欢这个聪明的小外孙，尽心尽力地教他读书写字。一开始，外祖父没把颜真卿练字这件事当回事，可

〔1〕 马博．书法大百科：第四册［M］．北京：线装书局，2016：126.

〔2〕 欧阳修．集古录跋尾［M］．北京：人民美术出版社，2010：177.

〔3〕 欧阳修．集古录跋尾［M］．北京：人民美术出版社，2010：175—176.

〔4〕 欧阳修．集古录跋尾［M］．北京：人民美术出版社，2010：160—161.

没想到，这个小外孙却出乎意料地专心，经常一写就是大半天，一笔一画从不马虎。

颜真卿像

选自《古圣贤像传略》清刊本　（清）顾沅/辑录，（清）孔莲卿/绘

颜真卿，唐玄宗开元二十二年（734）进士，善诗文，封鲁郡公，世称『颜鲁公』。书法精妙，创『颜体』楷书，与赵孟頫、柳公权、欧阳询并称为『楷书四大家』，又与柳公权并称『颜柳』，作品以《韵海镜源》《礼乐集》《吴兴集》《庐陵集》《临川集》最为著名。

母亲见儿子练字如此用心，非常欣慰，但又有点难过。欣慰的是儿子前途不可限量，难过的是家里没有多余的钱买纸供他练字。颜真卿看出了母亲的烦恼，为了不让母亲烦心，便自己悄悄想办法解决。

一天，颜真卿拿着一只碗和一把刷子，兴奋地对母亲说：“母亲，这只碗就是砚，这只刷子就是笔，碗里的黄泥浆就是墨！”母亲听了，愣了一下，又问道：“那……纸在哪儿呢？”颜真卿便用手指了指墙壁，调皮地说：“墙壁啊，这墙壁就是纸，不信的话，我写给您看！”说着他就拿起刷子，蘸了碗里的泥浆，径直走到墙壁前挥笔写了起来。待墙上写满了字，他又用清水刷掉字迹，重新再写。看到儿子这么用功，还这么聪明地想出了练字的办法，母亲又激动，又高兴。

正是因为年复一年的坚持，以及苦中作乐的韧劲，颜真卿果真练就一手好楷书，因此才有了中国书法史上占有重要地位的“颜体”。有一次，颜真卿和老师张旭在一起谈论书法。张旭问：“三国时候的钟繇，把写字的方法总结为十二个字，你知道是哪十二个字吗？”颜真卿回答说：

《东方朔画赞》清拓本

（唐）颜真卿 收藏于美国哈佛燕京图书馆

天宝十三年（754年）立于德州，晋代夏侯湛撰文。大楷，字径约10厘米。字体深厚雄健，气势磅礴。颜真卿被贬为平原郡（今陵县）太守，与他人出游时，见东方朔（汉武帝时期著名文学家）碑已残缺不整，便亲自书写赞文，重刻石碑。

漢太中大夫東方先
大夫諱朔字曼倩平
事漢武帝漢書具載
故薄遊以取位苟出
諫以明節明節不可
其文弛張而不為邪

生畫贊并序 晉夏
原猒次人也魏建安
其事先生瓌瑋博達
不可以直道也故頡
以久安也故談諧以
進退而不離羣若乃

侯湛撰 唐平原太
中分猒次為樂陵郡
思周變通以為濁世
傾以傲世傲世不可
取容潔其道而穢其
遠心曠度贍智宏材

緯之學百家衆
計之術乃研精
明濟開豁包含
憂感戲萬乘若
之外者也談者
靈為星辰此又

多能合變以明筭幽
流之論周給敏捷之
而究其理不習而盡
弘大陵轢卿相嘲哂
寮友視儔列如草芥
又以先生噓吸沖和

贊以知来自三墳五
辯支離覆逆之數經
其功經目而諷於口
豪傑籠罩靡前跆籍
雄節邁倫高氣蓋世
吐故納新蟬蛻龍變

典八索九丘陰陽圖
守顏真卿

墟墳企佇原隰墟墓
周旋祠宇庭序荒蕪
我情眷在有德罔不
守琅邪顏真卿撰并
所作也湛字孝若父

徒存精靈永戢
榱棟傾落草萊
遺靈天秩有禮
書及題額
莊為樂陵太守

因来覲省遂作斯文
樂陵郡又為郡人焉
原郡安德縣東北廿
焉郡嘗為德州其贊
殿中侍御史平公洌
北採訪使東平王判

贊云大夫諱朔字曼
猒次今移屬樂安郡
二里廟西南一里先
開元八年刺史韓公
監察御史閻公寬李
官巡按狎至真卿僚

倩平原猒次人魏建
東去祠廟二百里故
生形像今則揑素為
思復刻于石碑真卿
公史負石金吾胄曹
于境上而先生祠廟

安中分猒次為
猒次城今在平
之并二細君侍
去歲拜此郡屬
宗公謇咸以河
不遠道周亟與

數公泉家兄淄川司馬曜卿長史前洛陽

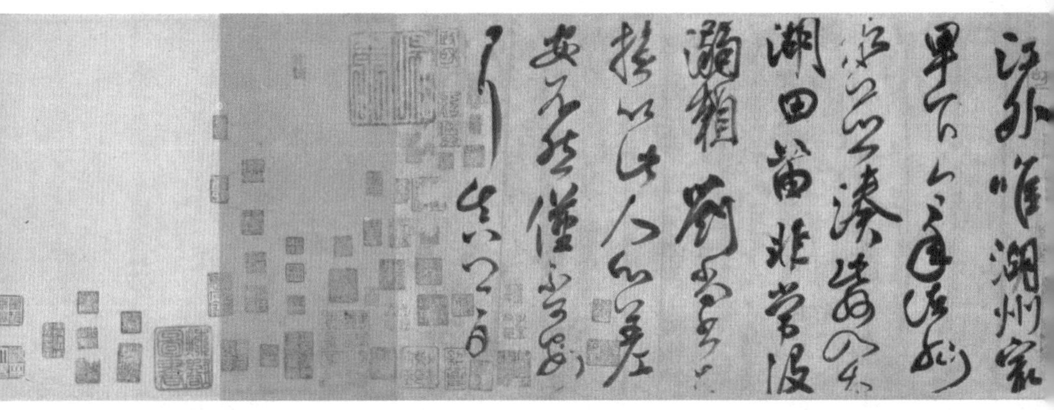

行书《湖州帖》卷
传为（唐）颜真卿　收藏于北京故宫博物院
纸本，行书，纵 27.6 厘米，横 50.2 厘米。传此帖是颜真卿所书信札，讲述了湖州地区的水灾，百姓得以安抚之事。
原文：『江外唯湖州最卑下，今年诸州水并凑此州入太湖，田苗非常没溺，赖刘尚书□抚，以此人心差安，不然，仅不可安耳。真卿白。』

“是平、直、均、密、锋、力、轻、决、补，还有损、巧、称。”张旭点头道：“对！不过你知道它的意思吗？”颜真卿听后，摇了摇头，说：“还不知道，请师父赐教！”张旭说：“这十二个字是书法的灵魂。这‘平’字的意思是，横的笔画要写得平，但是要有气势，不能过平；‘直’指的是下笔不能歪斜变曲，要放纵开来，竖划要从不直中求直；‘均’指的是字的笔画与笔画之间的距离要保持均匀自然，不能隔得太远，也不能隔得太近；‘密’是说，在笔画连接处要不露痕迹；‘锋’是每一笔的收尾处都要留下笔锋，让它坚挺有力；‘力’字，是说字要写得有骨力；‘轻’是说在笔画转弯处，要轻轻带过；‘决’的意思是说，下笔的时候，不能犹豫，应该果断下笔；‘补’是要对开头没有写好的几笔设法补救；‘损’字最重要，是说在书写完后，要能引起人的想象，让人感到还意犹未尽；最后是‘巧’和‘称’，‘巧’是注重字的形体结构，要把其结构安排得富有变化；‘称’既是强调字的笔画结构要自然匀称，又指在一篇字的布局上，也要疏密得当。习字时，只要按这十二个字的要求去写，字是一定能够写好的。”

颜真卿将老师的讲解铭记于心，认真体悟。后来，他博采众长，创制出了字体刚健雄壮、精神饱满的“颜体”。

柳公权，字诚悬，官至太子太师，世称“柳少师”。柳公权与颜真卿、欧阳询、赵孟頫并称我国“楷书四大家”。一开始他主学王羲之，后来遍览历代名家书法，博采颜真卿、欧阳询的长处，又吸取了魏碑中方笔字斩钉截铁、棱角分明的特点，把点画写得像刀切一样劲爽透利，深刻挺拔，把横画和竖画都写得大体匀称，精瘦而硬朗。除此之外，他还吸取虞世南楷书结体上的紧密，在晋人的劲媚风格和颜体的华贵雍容风格之间，形成了遒劲、妩媚的书风，自成一家，创立“柳体”。

相传，柳公权自小便非常聪明，尤其喜欢书法，经常和友人一起举办“书会”。有一次在书会上，颇为自负的柳公权写下“会写飞凤家，敢在人前夸”几个大字。这时，一个卖豆腐的老人恰好经过，看到这几个字后，心想这小孩也太目中无人了，便皱着眉头说：“这字写得就像我的豆腐一样，根本没筋没骨，软塌塌的，有什么值得夸耀的?！”

小柳公权一听这话，顿时觉得心里不舒服，说道：“你说我写得不好看，那你倒是写几个好看的给我看看啊！”老人哈哈大笑起来，说：“我虽然只是个卖豆腐的粗人，不会写字，可我见过有人写得比你好，那人是用脚写字的，也不像你用手写字，不信你就去华京城看看吧。”说完，老人便挑着他的豆腐担子头也不回地走了。

第二天，未到五更天，柳公权就起床了，他想去华京城看个究竟。刚进城，他看到了一棵大槐树，树下围着许多人。他们究竟在看什么呢?柳公权很是好奇。好不容易挤进人群，便看到一个没了双臂的黑瘦老人正在写字。只见他坐在地上，左脚压纸，右脚夹笔，挥洒自如地写着字。

▼**柳公权行书《蒙诏帖》卷**

收藏于北京故宫博物院

据传此帖为宋人伪本。原文：『公权蒙诏，出守翰林，职在闲冷，亲情嘱托，谁肯响应，深察感幸。公权呈。』此帖是柳公权的一封信札，信中告知对方自己是个闲职，能力有限，不能帮忙而请对方谅解。

柳公权像

选自《古圣贤像传略》清刊本　（清）顾沅/辑录，（清）孔莲卿/绘

柳公权，唐朝大臣、大书法家。历仕穆、敬、文、武、宣五朝。工书，尤以正楷知名，自成一家，对后人影响极大。作品以《玄秘塔碑》《神策军碑》最为著名。

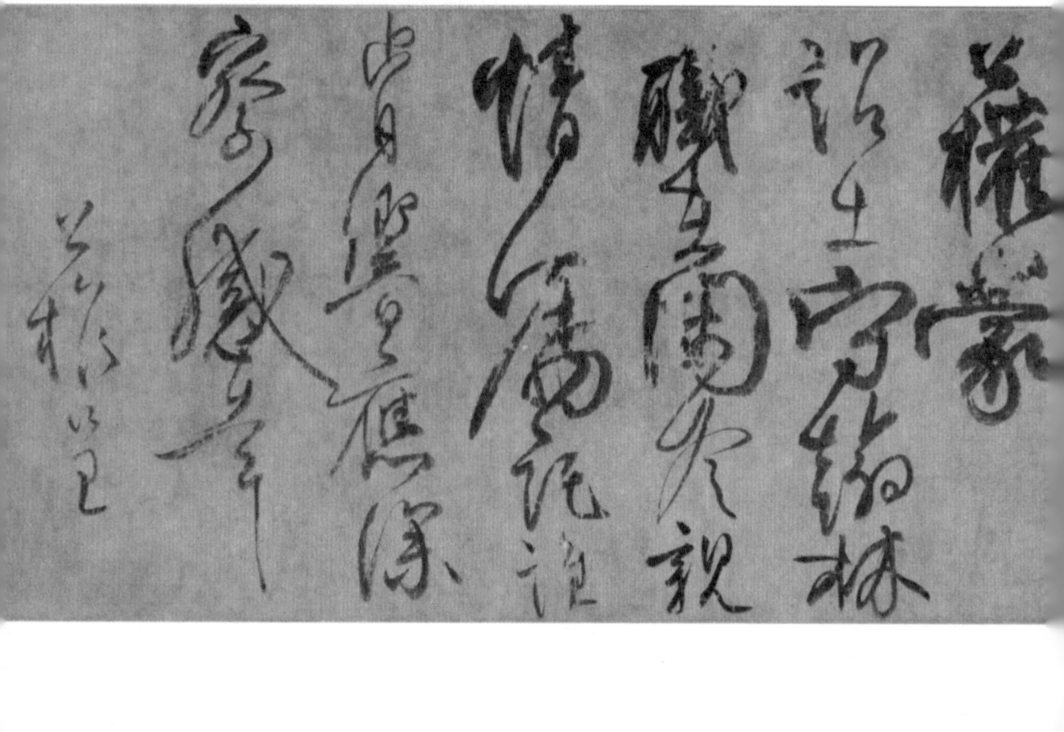

《洗砚图》

（明）陈裸　收藏于中国台北『故宫博物院』

陈裸，能工书，善画山水。此画应陆子垂作洗砚诗意，描写了双手抱胸的文人驻足在溪边，等待溪水自动洗涤砚台的有趣景象。笔墨酣畅，此画也描绘了文人居于深山悠然自得的生活场景。

他的字似群马奔腾，龙飞凤舞，周围的人都连连叫好。

柳公权看着老人的字，又想到自己的字，还曾经自夸，不由得红了脸。他顿时觉得羞愧不已，“扑通”一声跪在了老人面前说：“老人家，请您收我为徒吧，我想跟着您学写字……”老人赶紧用脚拉起他，说：“年轻人，我连手都没有，只是靠着双脚在外面讨生活，哪敢做你的师父啊！”

可柳公权长跪不起，老人被他的诚心打动，便在地上铺了一张纸，用右脚写了几个字：“写尽八缸水，砚染涝池黑；博取百家长，始得龙凤飞。”柳公权默默牢记心底，从此发奋图强，即便手上磨出了厚厚的茧子，衣肘也补了一层又一层，也毫不松懈。一份努力换来一份收获，他终于成为我国历史上著名的书法家。

柳公权的字在当时大受欢迎，人们以能够得到柳公的字幅为荣。甚至当朝大臣死后，都会找柳公权书写碑文。就连远道来中国进贡的外国使臣，也都专门来买柳公权的字。因此，柳公权收获了大量钱物，但是他对这些财物却并不在意，只是交给仆人收管起来，如果仆人偷偷用了，他也不计较。若是有人说到他的书法来，他就十分在意和专注，他对于自己使用的笔砚和自己收藏的碑帖、图书都十分珍视。每次使用后，总要亲自锁起来，从不让别人代劳。在柳公权眼里，金钱只不过是身外之物，而笔砚、碑帖、图书才是最贵重的东西。

历代文人骚客对柳书褒贬不一。宋代朱长文《续书断》评论道：“公权博贯经术，正书及行，皆妙品之最，草不失能。盖其法出于颜，而加以遒劲丰润，自名一家，而不及颜之体局宽裕也。”〔1〕意思是说，柳公权的书法出自颜真卿，但更遒劲，更丰美润泽，所以能自成一家，但却不及颜体书法格局的宽博宏大。宋代姜夔《续书谱·用笔》中肯地评

---

〔1〕 马博．书法大百科：第四册［M］．北京：线装书局，2016：132.

定了柳书的独创之处："颜、柳结体既异古人，用笔复溺于一偏，予评二家为书法之一变。数百年间，人争效之，字画刚劲高明，固不为书法之无助，而晋、魏之风轨，则扫地矣。然柳氏大字，偏旁清劲可喜，更为奇妙。近世亦有仿效之者，则俗浊不除，不足轨。故知与其太肥，不若瘦硬也。"〔1〕宋代米芾《海岳名言》说："柳公权师欧，不及远甚，而为丑怪恶札之祖。自柳世始有俗书。"米芾对唐代诸贤多有苛责。如他批评颜真卿的楷书"作用太过"，指责柳公权"以怒张为筋骨""为丑怪恶札之祖"，又指责欧、虞诸人的书法"安排费工"，其意都在批评唐人楷书过于整齐划一而刻意求工之病，这种风气正与他主张的平淡天真的审美趣旨相抵牾，也体现了宋人"尚意"与唐人"尚法"的冲突，为时代风尚使然〔2〕。

柳公权的书法，极力变更王羲之的法则，因不愿与《兰亭序》的面目相似，所谓把神奇化为己之所用，故能脱离它，独树一帜。凡人学习书法，以姿态取媚，很少能理解这一点。

明代董其昌《画禅室随笔》亦指出了柳书的创新之处："柳诚悬书，极力变右军法，盖不欲与《禊帖》面目相似。所谓神奇化为臭腐，故离之耳。凡人学书，以姿态取媚，鲜能解此。余于虞、褚、颜、欧，皆曾仿佛十一，自学柳诚悬，方悟用笔古淡处。自今以往，不得舍柳法而趋右军也。"〔3〕

〔1〕 马博．书法大百科：第四册［M］．北京：线装书局，2016：150.

〔2〕 乔志强．中国古代书法理论解读［M］．上海：上海人民美术出版社，2016：239.

〔3〕 马博．书法大百科：第四册［M］．北京：线装书局，2016：317.

东坡居士和佛印和尚

苏轼，字子瞻，号东坡居士，眉州眉山（今属四川省）人，官至端明殿翰林侍读学士、礼部尚书，其诗、文、书、画俱为大家，与黄庭坚、米芾、蔡襄并称书法史上的“宋四家”。苏轼的书法幼习王羲之，后向颜真卿学习，笔圆韵胜，天资焕发。他擅长画竹石古木，自写胸臆，妙得形似，天趣盎然。

苏轼的成就在书法史上颇高：位列宋四家（苏、黄、米、蔡）之首；他的《黄州寒食帖》被誉为“天下第三行书”。在苏轼的一生中，曾与一些和尚、道士有交往，特别是与佛印禅师的关系极为密切，并留下了许多与此相关的趣闻逸事。

参禅悟道是宋代的一种风尚，不少文人、书法家都和禅师有过密切接触[1]，佛印是宋代高僧，俗姓王，名了元，字觉老。他少年入道，博通内外，能诗工书，尤善言辩。元丰年间（1078—1085年）主持镇江金山寺，与苏东坡交游，相与酬作章句。

相传，佛印从小天资聪颖，学贯经史。宋神宗时，他来到京师，准备参加科举考试。那时，苏轼正好在国史馆做官，佛印非常敬仰苏轼，于是入朝拜见，哪知道两个人一见如故，互相敬重，最终成了好朋友。后来，佛印入佛门精心修道，很快就升任金山寺的住持，成为江南著名的诗僧。

虽身为佛门弟子，佛印却非常洒脱，经常与苏轼在一起喝酒吃肉，丝毫不在意自己是高僧的身份。有一次，苏轼让侍妾朝云做了一盘清蒸鲈鱼。正要动筷子的时候，只见窗外有一个人影，苏轼立即猜到一定是佛印来了。苏轼想："这个和尚今天倒来得凑巧，我刚做了鲈鱼，他就来了，让我来逗一逗他。"想到这里，苏轼把鱼放到了碗橱里，谁料那佛印也一眼就看到

《苏东坡像》

（元）赵孟頫　收藏于中国台北"故宫博物院"

纸本水墨，27.2厘米×11.1厘米。苏轼的诗词题材广泛，词风清新又豪迈，收放自如，别具风格，是豪放派词人的主要代表。他在书法、绘画等方面皆有很高造诣，著有《苏东坡全集》《东坡乐府》等，最出名的古诗词有《赤壁赋》《后赤壁赋》《水调歌头·明月几时有》《念奴娇·赤壁怀古》等。

〔1〕　王有堂．文思书契：浸透在笔墨中的文化含量［M］．兰州：甘肃人民美术出版社，2017：113.

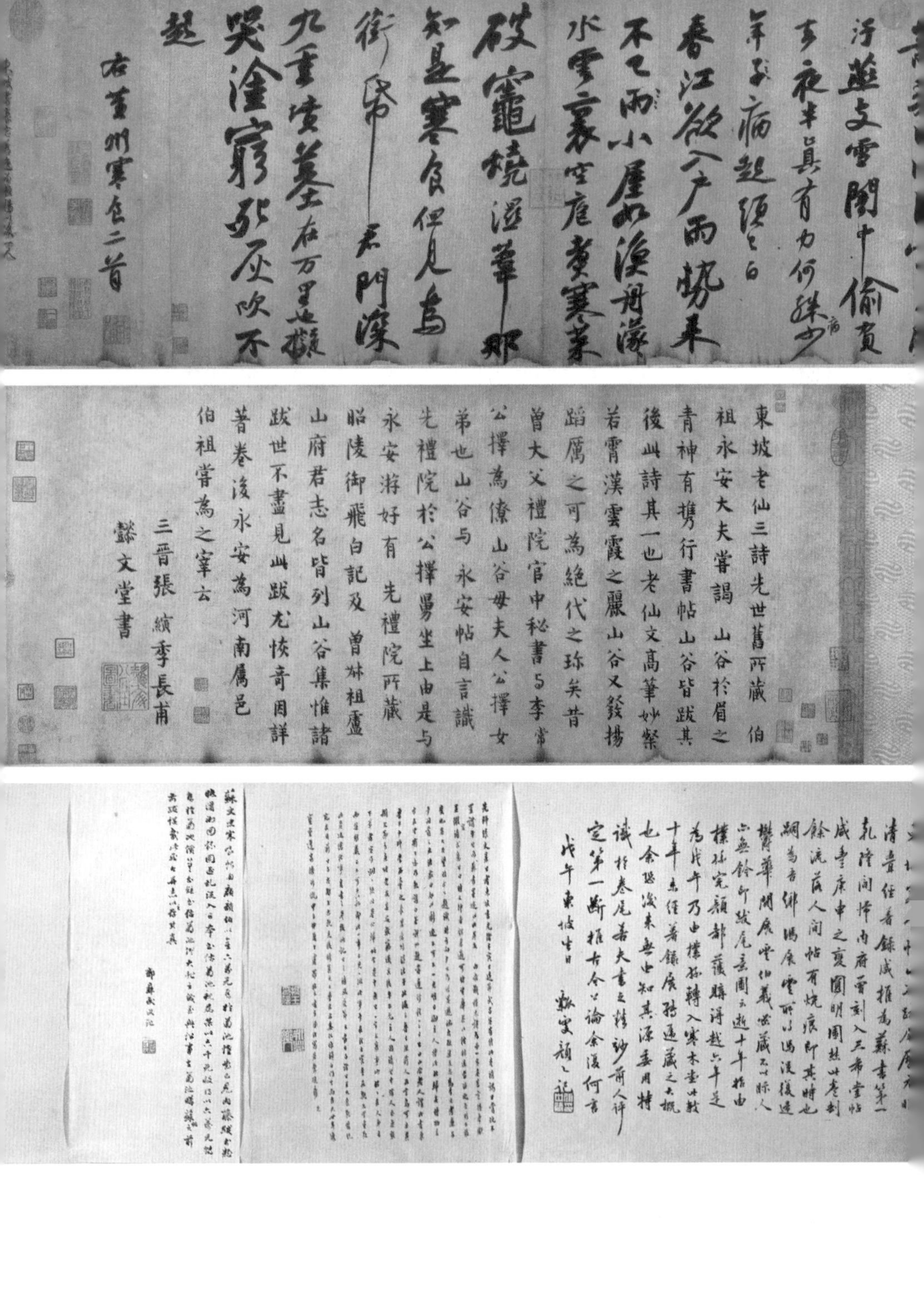

汙燕支雪闇中偷負
去夜半真有力何殊病少
年病起頭已白
春江欲入戶雨勢來
不已小屋如漁舟濛
水雲裏空庖煮寒菜
破竈燒濕葦那
知是寒食但見烏
銜紙君門深
九重墳墓在万里也擬
哭塗窮死灰吹不
起
右黄州寒食二首
東坡老仙三詩先世舊所藏伯
祖永安大夫嘗謁山谷於眉之
青神有携行書帖山谷皆跋其
後此詩其一也老仙文高筆妙粲
若霄漢雲霞之麗山谷又發揚
蹈厲之可為絕代之珍矣昔
曾大父禮院官中秘書与李常
公擇為僚山谷母夫人公擇女
弟也山谷与永安帖自言識
先禮院於公擇舅坐上由是与
永安游好有先禮院所藏
昭陵御飛白記及曾祖盧
山府君志名皆列山谷集惟諸
跋世不盡見此跋尤恢奇因詳
著卷後永安為河南屬邑
伯祖嘗為之宰云
三晉張縯季長甫

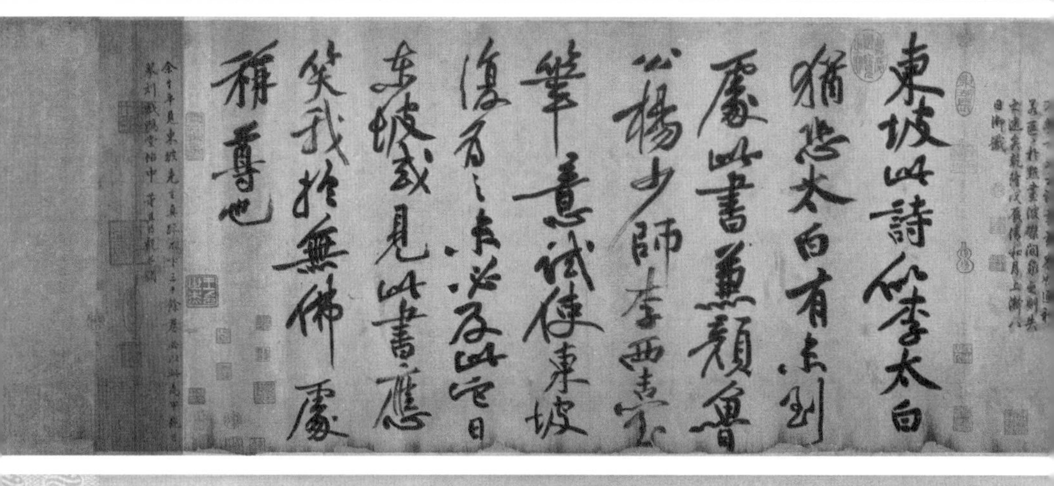

《寒食帖》（北宋）苏轼

收藏于中国台北『故宫博物院』

又名《黄州寒食诗帖》《黄州寒食帖》。横34.2厘米，纵18.9厘米，行书17行，共计129字，苏轼作于被贬黄州第三年的寒食节，抒发了内心惆怅孤独的情感。

寒食节在清明节前一两日。节时禁烟火，只吃冷食，因而被称为『寒食节』。寒食节的习俗前后绵延两千余年，曾是中国民间的第一大祭日。

了，但他佯装不知。这时，苏轼笑嘻嘻地招呼佛印：“大师今天不在禅堂念经，来到寒舍是为何事呀？”佛印一本正经地说：“贫僧有一个字不会写，今日特地向苏大学士请教。”苏轼不知他话中有话，忙问：“不知大师说的是哪个字？”“就是您苏大学士的姓——苏字呀！”苏轼听了，眉头一皱，心想：“这和尚绝对不会连“苏”字也不会写吧，他向来学识很好，这里面肯定有猫腻。”但他却装作很认真地回答：“这个苏（繁体为‘蘇’）字嘛，是上头一个草头，下头左边一角鱼，右边一束禾。”可是，佛印还是继续装糊涂，问道：“那如果把一条鱼放在上头呢？”苏轼忙说：“那这字就不对了！”佛印指指碗橱说：“你都知道了不能把鱼放在上面，那还不快点拿下来！”这时，苏轼恍然大悟，哈哈大笑着端出鱼来，兴味盎然地与佛印一起吃了起来。

佛印知道苏轼喜欢吃红烧酥骨鱼，一次听说他要来金山寺，便预先叫人烧好了一盘。鱼端上来的时候，苏轼刚好也来了，佛印禅师也想逗逗他。正好旁边有一只铜磬（寺庙中一种钵形的乐器），他就顺手把鱼藏到铜磬下。

苏轼在门外早就闻到了鱼的香味，内心窃喜。可是一进门，饭桌上却没有鱼，香案上的铜磬倒扣着。苏轼看这情形，便已猜出了个大概，却故意坐下来唉声叹气。佛印见了很是奇怪，他觉得苏轼是个乐天派，可是今天却发愁了，就关切地询问：“大诗人，为何愁眉不展呀？”苏轼说：“唉，今天早上，有人出了一副对联给我，上联的部分，我才对出四个字，所以心里很是烦恼。”佛印追问：“你说，那上联写的是什么？”苏轼立即吟道：“向阳门第春常在。”佛印一听，顿觉好笑，想到这个对联早就被很多人对过无数次了，几乎是人人皆知，莫非苏轼今天故意耍我？于是，他也装作若无其事，问道：“那么，你对出哪四个字呢？”苏轼故意一字一顿地大声念道：“积、善、人、家……”佛印不明就里，立即不假思索地大声接续后面三字：“庆——有——余！”苏轼见佛印上当，不禁哈哈大笑，说道：“既然磬下有鱼，你为什么要藏起来不让我尝一下呢？”随后两个人抚掌大笑，立即拿出鱼来，又备了酒尽情地饮用。

苏轼平时喜欢吃猪肉，他被贬到黄州曾经做了一首《食猪肉》诗：“黄州好猪肉，价钱等粪土。富者不肯食，贫者不解煮。慢着火，少着水，火候足时它自美。每日起来打一碗，饱得自家君莫管。”佛印非常了解苏轼的这个癖好，所以他经常烧猪肉来招待苏东坡。一次，佛印一大早就派小和尚出去，专门买了好几斤上等的烧得红酥酥的猪肉来吃，还买了几瓶名酒——“琼花露”，想等苏轼来一起畅饮。哪知等苏轼到了，那烧好的猪肉竟然不翼而飞。有人就说，肯定是小和尚闻见猪肉烧得那么香气溢人，一时间禁不住诱惑，就偷偷地吃了。也有人说可能是某位施主来过寺内，见和尚烧肉吃荤有污佛门圣洁，就

东坡肉形石

收藏于中国台北『故宫博物院』玛瑙石，中国四大奇石之一，与翠玉白菜和毛公鼎并称『台北故宫』的镇馆三宝。

《苏轼留带图》

（明）崔子忠　收藏于中国台北『故宫博物院』

图中描绘的是苏轼与佛印的故事。苏轼与佛印说偈打赌，苏轼输给佛印，将腰上玉带送给了佛印。

顺手丢去了。不论是何原因，反正猪肉是没了，佛印有点过意不去，就说："看来，红烧肉今天吃不成了，不过，这次我可真没把肉藏在铜磬下啊！"苏轼听了，二话没说，当场吟了一首小诗："远公沽酒饮陶潜，佛印烧猪待子瞻。采得百花成蜜后，不知辛苦为谁忙。"

《鲤图》（清）佚名 收藏于美国哈佛大学福格美术馆

国画工笔小品

苏轼的书法成就之所以这么高超，与其渊博的才学和对书法的独到见解密不可分，其中有一个概念，就是苏轼非常追求书法的"意趣"二字[1]。苏轼在中国书法史上首次明确提出了"论书及人"的批评观点，把人品与书品并提："古之论书者，兼论其平生，苟非其人，虽工不贵也。"[2]在评论书法作品的价值时，首先应重视书家的人品，"书有工拙，而君子小人之心不可乱也"[3]。意思是说，书法拙劣与否不是评价的依据，书法家的人品才是重要的标准。"观其书有以得其为人，则君子小人必见于书。"

"东坡书真、行相半，便觉去羊欣、薄绍之不远。中年书圆劲而有韵，大似徐会稽，晚年沉着痛快，乃似李北海，此公盖天资解书，比之

〔1〕 马博．书法大百科：第十册［M］．北京：线装书局，2016：132.

〔2〕 苏轼．苏轼文集：下［M］．长沙：岳麓书社，2000：748.

〔3〕 苏轼．苏轼文集：下［M］．长沙：岳麓书社，2000：751.

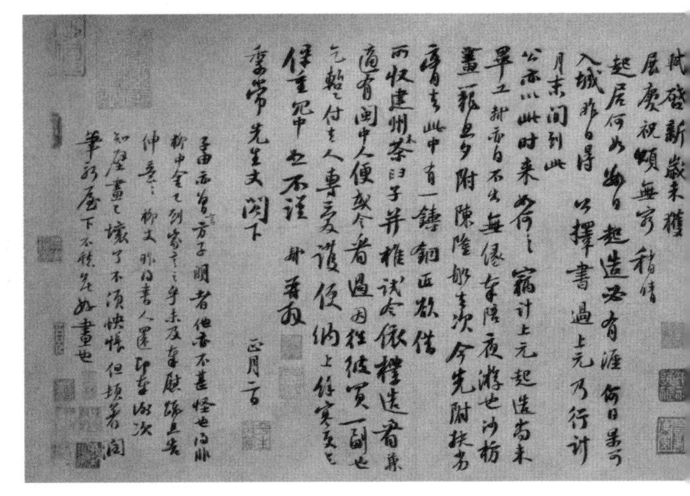

苏轼书信

收藏于北京故宫博物院

由《新岁展庆帖》与《人来得书帖》组成，左为《人来得书帖》，右为《新岁展庆帖》，二帖裱于同一卷内，都是苏轼写给陈罡（季常）的书信。《新岁展庆帖》是约陈慥与李常在上元时在黄州相聚；《人来得书帖》是为陈慥的哥哥之死而书信慰问。

诗人，是李白之流。”[1]他的书法作品充分体现了崇尚意趣的审美意识，以方整偏侧取势，雍容端雅，雄健紧密，笔力扛鼎；结体丰腴灵动，敦厚短肥，厚而不软，肥而不肿；笔画浑雄飞动，遒伟俊迈潇洒劲逸，婉转有致。宋代黄庭坚高度评价了苏轼的书法，称赞其为“妩媚可喜”，这句话说出了苏轼书法的文采秀丽而温和平润。苏轼本性情豪放，但是书法却不像其性格一般豪放，更多出了妩媚之感，可谓是阴阳调和，刚柔相济。《跋东坡书远景楼赋后》云：“东坡书，学问文章之气，郁郁芊芊，发于笔墨之间，此所以他人终莫能及尔。”[2]

与苏东坡有多幅传世作品不同，佛印的书法作品传世极少。20世纪20年代，吴瀛在故宫博物院所藏宋元墨宝中发现佛印书《李太白传》一幅，墨迹纸本为楷书，结体扁平如隶书，风格朴茂古拙，为海内珍奇。

〔1〕 蒋方．黄庭坚集［M］．南京：凤凰出版社，2014：313.

〔2〕 蒋方．黄庭坚集［M］．南京：凤凰出版社，2014：313.

铭端石东井砚

收藏于中国台北『故宫博物院』

长 11.4 厘米，宽 7.8 厘米，砚为椭圆形，砚堂前端微凸起，后端斜入墨池，砚背下方有二圆柱足，研面凸起款题：『乾隆戊戌御铭』等。苏东坡爱砚，喜欢收藏并制作砚。

从星砚

收藏于中国台北『故宫博物院』

棕黑端石，呈长方抄手式砚，灰棕色，圆柱石眼呈黄绿色，中间有褐色点，貌似瞳孔，又似众星在天，砚侧刻清高宗铭文与篆印。其木盒盖面刻隶书砚铭与款识：『几瑕怡情』『得佳趣』等。

萧显题匾『天下第一关』

山海关位于河北省最东部与辽宁省接壤处，秦皇岛市山海关城东，是山海关城的东门，又称“镇东楼”。关城北倚燕山，南连渤海，故得名“山海关”。因它地处要隘，又是万里长城东端起点，故称“天下第一关”。

山海关城古称榆关，以古渝水而得名，明洪武十四年（1381 年），大将军徐达见此地“枕山依海，实辽蓟咽喉”，便修筑长城，建造关隘。因其地处要塞，形势险峻，有“山海关关山海”之说，所以自古为兵家必争之地，素有“两京锁钥无双地，万里长城第一关”的美誉。

“天下第一关”巨匾悬挂于箭楼二层正面，上刻阳文“天下第一关”五个大字，长 5.8 米，宽 1.55 米。其中“一”字长 1.09 米，“关”字竖长 1.45 米。这五个字，笔画并不一致，不好布局，要把它写好，那就得使“一”字显得不单薄，“关”字显得不臃肿，还要讲究结构和排布，笔力须沉雄，与形势相称，压得住台面，为关口增添雄浑和壮阔的气势，也须道出关口的战略地位。

箭楼上现存三块木质匾，其中有两块是后来摹刻的。一为清光绪五年（1879 年）王治摹刻；二楼外悬挂的是民国九年（1920 年）杨宝清摹刻。第三块摹刻匾原有落款，后被油漆涂盖，原匾悬于一层楼内。原匾究竟为何人所写，多年来众说纷纭。有史料可查的有光绪四年（1878 年）编撰的《临榆县志·建置编·城池卷》记有：“‘天下第一关’相传明萧佥事显书。”民国九年临榆县令周嘉琛《重修第一关旧额记》中说：“有额曰‘天下第一关’笔力沉雄，与形势相称，游者相传为严分宜（严嵩）手迹。”不过现在研究者多倾向为萧显所书。

萧显，字文明，号海钓，人称海钓先生，明山海卫人，擅长书法，是明代书法大家之一。少年时，他在栖贤寺读书，勤奋好学。成化八年（1472 年）考中进士，在京城任兵科给事中官职[1]。

据说，萧显年少的时候家里并不富裕，连进京赶考的盘缠都没有。一位同乡的孤老太太资助了他，甘愿把一块祖传的古砚拿出来卖了十两银子助萧显入京赶考。临走之前，老太太还给萧显做饭，饭食并不丰盛，只有白豆干饭、萝卜粉条汤。萧显非常感念老太太的恩德，觉得自己无以为报，但想到自己书法远近闻名，就在宣纸上写下了“天下第□关”

〔1〕　政协山海关区委员会文史委员会．山海关文史资料：第 4 辑［M］．秦皇岛：政协山海关区委员会文史委员会，1995：3.

▶山海关

选自《唐土名胜图会》日本刊本 ［日］冈田玉山等

收藏于日本早稻田大学图书馆

山海关，明长城的东北部的防御性关隘，1990年以前被认为是明长城东部端点。明洪武十四年（1881年），筑长城建关隘，因依山连海，故名山海关。

▲砖石修铸的万里长城

选自《燕京胜迹》 收藏于国家图书馆

美国摄影师赫伯特·克莱伦斯·怀特拍摄，1927年上海商务印书馆出版。

四个大字，双手托住恭恭敬敬地捧给孤老太太，并嘱咐道：“听说皇上要给山海关东门的箭楼征挂一块‘天下第一关’的横匾，我现在先写出这四个字，您到时候献上去，皇上一定会找人补写‘一’字，到时您再来找我。”

果不其然，一段时间过后，孤老太太奉皇帝谕旨前来找萧显补写“一”字。这个时候的萧显已经是考中进士在城中做了官，见了老太太，他毕恭毕敬：“要写‘一’字的话，当然不难，只是我还想吃您当年做的白豆干饭、萝卜粉条汤，还请您再磨一缸墨给我。”孤老太太照他的话去做了。吃饱了饭，萧显把头发扎成一根类似“绳刷子”的模样，一股脑地把头伸进墨汁缸，头发沁入墨汁中，再用力一搅，发丝沾满了浓墨汁，萧显用头在宣纸上神奇地写出了“一”字，一甩、一挫、一拖、一顿，遒劲整洁，不同凡响。孤老太太得到了“一”字献给皇上，皇上亲选此五字为山海关的牌匾，并重赏了孤老太太，使她得以安享晚年。从那以后，“天下第一关”这五个遒劲有力的大字就高高地挂在山海关东门的箭楼上了。

另有一个传说，萧显收到书写此匾的圣命后，因匾额字体较大，曾担心自己力道不足，先以扁担作笔苦练两个月以增强臂力，最后用肩膀挥舞扁担带动巨大笔头书写，才一气呵成写完此匾，所以每一字都显得力足墨饱，顿挫得当，后人称赞此五字“形若蹲猊，雄强而茂密”。匾额挂到城楼后，人们发现“下”字少了一点，萧显于是在城楼下团起一块麻布，饱蘸浓墨，搭弓射箭，恰好射到那一点的位置上。这一绝招，使得萧显的形象更具神秘色彩，“天下第一关”匾额也更声名远播。

相关链接

书 法

书法是汉字的书写艺术。在汉字漫长的演变发展的历史长河中，书法一方面起着思想交流、文化传承等重要的社会作用；另一方面它本身又形成了一种独特的造型艺术。书法不但是中华民族的文化瑰宝，而且在世界文化艺术宝库中独放异彩。

中国书法艺术的形成、发展与汉文字的产生、演进过程有着密不可分的关系。中国文字起源非常早，然而把文字的书写性发展到一种审美阶段，也就是一种真正意义上的书法艺术的形成，有记载可考者，当在汉末魏晋之间。不过早期文字，如甲骨文、象形字，已具有了对称、均衡的规律，以及用笔（刀）、结字、章法的一些规律性因素，而且在线条的组织和笔画的起止变化方面，已带有墨书的意味及笔致的意义。

在书法的萌芽时期（殷商至汉末三国），文字历经甲骨文、古文（金文）、大篆（籀文）、小篆、隶（八分）、草书、行书、真书等阶段，其艺术性已依次演进。在魏晋南北朝至隋唐，书法艺术进入了新的境界，由篆隶走向了简易的草行和真书，它们成为该时期的主流风格。五代、宋、辽、金、元的书法是对晋、唐时期书法的追溯与继承，这一时期由于战乱和政局不稳，呈现出复杂局面，书法家多以书法抒发个人的情感意趣，出现了大量个性化的经典书法艺术作品。明代书法艺术基本上是继承宋、元帖学书法而后加以发展。而今人论及清代书法时，每以“帖学”“碑学”划分为前后两期，大致以嘉庆道光之际为分期点，也就是以 19 世纪 20 年代以前为帖学时期，之后为碑学时期。

就这样，我们的汉字，从图画、符号到创始、艺术化定型，由古文大篆到小篆，由篆而隶、楷、行、草，各种形体逐渐形成。在书写应用汉字的过程中，逐渐产生了世界上独一的、可以独立门类的书法艺术。

第四章

旧符·新桃·对联

苏小妹之『三难』

贴对联是中国特有的一种风俗习惯，有着非常悠久的历史。由于对联言简意赅，韵律有致，深受文人名士及民间百姓的喜爱，在许多地方已融入节庆民俗之中。北宋年间的苏小妹，明朝的解缙、唐伯虎、徐文长，以及清朝的郑板桥、纪晓岚等都是此中高手。

《三言二拍·醒世恒言》是明朝著名文学家、思想家及戏曲家冯梦龙的代表作，他在书中描写了苏小妹三次作对新郎秦少游的故事，也让苏小妹的形象跃然纸上。据传苏小妹为苏洵之女、苏轼之妹，她虽然长相一般，但是非常有才气[1]。苏小妹看中了才子秦少游的一卷文字，于是，在那文卷上批了四句道：

〔1〕 俞汝捷. 中国古典文艺实用辞典［M］. 北京：中国青年出版社，1991：925.

今日聪明秀才，
他年风流学士。
可惜二苏同时，
不然横行一世。

秦少游得知此事，非常开心，只听说小妹才华横溢，但其貌不扬，自己还没有亲眼见过，于是就想一探究竟。一次，秦少游听说三月一日苏小妹要去东岳庙进香，他认为这个时机不错，于是假扮作游方道人，等在庙门前。待苏小妹乘轿进入庙中，秦少游便紧紧跟随。只见苏小妹虽不娇艳多姿，但是姿态平和，文雅安静，秦少游暗自欢喜，于是想试一下她的文采，便询问说："小姐福寿双全，大发慈悲。"苏小妹开始不知道这话中用意，对道："道人没有德行和能耐，哪敢接济。"少游听了暗自称赞，又上前一步，说道："愿小姐身如药树，百病不生。"见此人如此纠缠，苏小妹暗自发笑，她一边走一边对道："随道人口吐莲花，半文无舍。"说着就随丫环侍女走出庙去，少游一直跟到轿前，又作了个揖道："小娘子一天欢喜，如何撒手宝山。"苏小妹提步上轿，随口回道："疯道人恁地贪痴，那得随身金穴。"

秦少游惊叹不已，为苏小妹的才华所折服，于是赶忙到苏家提议结亲。苏家看重秦少游的人才学识，自然答应了。新婚之夜，苏小妹才认出秦少游正是那个道士，方知他是为了试探自己，苏小妹有些恼怒，于是关上房门，出了三道题让秦少游作答。

第一道题是首嵌字诗，秦少游没费多少功夫就答了出来；第二道题是猜人名谜语，秦少游也很快猜出来了；第三道题则是个对联，上联为：

《梅花仕女图》轴

（元）佚名　收藏于中国台北『故宫博物院』

闭门推出窗前月，

秦少游初看还比较开心，心想自己五岁时就开始对诗了，还真没碰到什么对子可以难住自己的。一想到很快就要见到新娘了，他不由地偷偷笑了起来。可等他仔细一看，却发现这个上联不寻常。他想了好半天，还真给难住了，急得在门外踱步。正巧遇到苏东坡，见秦少游嘴里不停地念叨着“闭门推出窗前月”，还做着用手推窗户抬头看月亮的动作，一看他那副抓耳挠腮的着急样子，苏东坡就明白妹妹出的题目一定不简单。正好院里有一口养金鱼的大水缸，苏轼计上心来。他随意拾起一块小石块，投入了缸里，四溅的水花溅到了正在沉思的秦少游脸上，他不由自主看了看那个缸中形成的水影，见水里的天光随着波浪起伏摇曳，秦少游突然灵感闪现，立刻大声喊出下句：

投石冲开水底天。

随之而来就是“吱呀”一声，房门敞开，丫环打着红色的灯笼向新郎秦少游走来，可见是过关了，于是秦少游抬起头，挺起胸膛，迈出方正端庄的步伐，乐呵呵地走进了婚房。

此外，还有一件叫人惊叹的事。据说苏小妹额头高，眼睛眍瞜，苏东坡尝戏之曰：

莲步未离香阁下，
梅妆先露画屏前。

对联

（清）佚名　收藏于中国台北『故宫博物院』

苏小妹以苏东坡的须髯较多，反过来也调侃他：

欲扣齿牙无觅处，

忽闻毛里有声传。[1]

兄妹二人常常相互调侃、相互取乐。

据说苏小妹也曾将和尚佛印难倒过三回。

佛印和尚和苏东坡相熟，他们经常一起游玩且谈古论今、诗词唱和、弈棋联对。苏小妹也常听哥哥说起佛印，对他充满好奇。但苏小妹由于没有与佛印正面交流过，心里总想着出题难一难佛印。有一次，机会来了，苏小妹正要出去办事，走到门口恰巧遇见佛印，只见佛印非常有礼节地问小妹："轼兄在家吗？小僧前来拜会。"这时苏小妹趁此机会将他的问话当作题眼，说你要能对上我的对联，才能让你进门，随即便说：

人曾是僧，人弗能成佛；

这是一个拆字和拼字的对子，设计很巧妙，"人曾"结合成了"僧"，"人弗"结合成了"佛"，相互拼合又藏有玄机，略带有不尊敬。佛印听后猛地一惊，这一表情立刻被苏小妹捕捉到，暗自窃喜："什么饱读诗书，刚出一个题目，就难成这样，还真经不起考验！"谁想到佛印也看出了苏小妹的神采飞扬，马上心领神会，脱口而出：

女卑为婢，女又可称奴。

〔1〕　冯梦龙.古今笑史［M］.北京：光明日报出版社，2014：105—106.

居然对得滴水不漏，还反击了小妹的不尊敬。苏小妹没想到非但没有难住佛印，却遭到了他的讽刺，很不开心，于是没好气地对着哥哥的屋子大叫一声："哥哥，有客来访！"霎时走出门外。

还有一次，佛印来探访苏东坡。正遇上小妹身体不适，哥哥在替正难受的小妹熬药，见老朋友到家里来做客，苏东坡很开心，俩人烹茗谈天，忘记了还要给苏小妹送药，苏小妹由于上次被佛印嘲弄、讽刺，愤恨还没有消，这次自己有病，哥哥却为了佛印而忽视了自己，于是新仇旧恨涌上心头，出了一联：

清水池边洗和尚，浪浸葫芦，

这不就是把佛印的"光头"当作"葫芦"来暗指了吗？着实是不太像话，苏东坡太懂小妹的脾气了，看出小妹又生气了，就赶忙给她送去熬好的药。当时的佛印一下子就明白小妹的意思，心中叫苦连连，心想：前一段时间的对子已经冒犯了她，现在既得忍着被骂，又要对她的对子，但这一次可得想好，要尽量对得文雅一点，免得她不高兴，可一时半会儿还想不出合适的，很是着急，猛然间瞧见正掀起碧色的纱制帐幕，进入小妹房间准备让她吃药的苏东坡，顿时灵机一动，激发出感觉，马上对道：

碧纱帐里坐佳人，烟笼芍药。

苏小妹听罢，会心地笑了出来并把药全喝完了。东坡知道现在妹妹不生气了，就对佛印佩服得竖起大拇指。自此，苏小妹改变了对佛印的看法，觉得他才华横溢，很了不起。

有一年中秋佳节，苏东坡请佛印来家中做客，一边观赏月色一边小酌杯中酒，陪同的还有苏小妹，三人畅饮，好不痛快。后他们又来到家中的后花园池塘边继续酣饮畅谈，见一轮明月倒映在满塘清水中，微风拂面，青草荡漾，趣味横生，好不惬意。苏小妹看着这样的美景，平静的水面就像一面镜子把池边的景物倒映在了一起，转过头来向佛印说："我有一联，不知师父能对否？"佛印说："试试看吧，请赐上联！"小妹不慌不忙地吟出上联：

五百罗汉渡江，岸畔波心千佛子；

东坡紧锁眉头，感到不好应对，佛印不由得深思起来，不经意间看见了池水里有小妹非常清楚的倒影，恍然大悟，张嘴就来：

一位美人映月，人间天上两婵娟。

苏东坡听后，拍手叫绝："简直妙不可言呀！"苏小妹三次都没有难倒佛印，十分佩服，日后也与他成了好朋友。

联语机敏的解学士

解缙，字大绅，号春雨，一字缙绅，江西吉水人。他是一位喜欢诗文，表里通晓透彻，敢于担当、勇往直前的人。明洪武二十一年（1388 年）进士，授中书庶吉士，其主持编修的《永乐大典》为世所重[1]。

从明代开始，每户人家门上的桃符被改称“春联”。明代陈云瞻《簪云楼杂话》中载：“春联之设自明太祖始。帝都金陵，除夕前忽传旨：公卿士庶之家，门口须加春联一副，帝微行时出观。”一夜之间，原来一直在宫廷才有的春联就被朱元璋推至寻常百姓家。此后一些文人墨客

〔1〕 吴养木．中国古代书法家辞典［M］．杭州：浙江人民出版社，1999：369—370.

都将编写对联视为一件高雅且喜庆的事情，解缙就是一位对联大师，他还将楹联的发展推向了一个高潮[1]，民间流传着很多解缙巧对楹联的故事。

解缙小时候编写的对联就是一绝。相传，一年春节，解缙家想请书馆先生写春联，解缙对他父亲说："不用先生，孩儿自己能写。"

解缙的父母很开心解缙能写春联。曹尚书府第跟解缙家是对门，是一个富贵人家，家中有高立的房子和深宅大院，园林景致不错，到处都隐藏有非常茂密且秀丽的竹子，竹子多得数也数不清，繁密到看不清天空的模样。谢缙见此景，心里念叨着为什么不以这个为中心内容写一副对联呢？于是写道：

门对千竿竹，
家藏万卷书。

写完就贴在了自家破旧的门上。听说此事的曹尚书对做豆腐生意的解家甚为轻视，更别说还有什么万册书可藏，立刻让人把园子里的所有竹子全都砍断。

解缙非常清楚曹尚书的意思，心想你以为把竹子全部砍断，你就能难倒我吗？我倒要让你看看我是怎么对这个"竹"的，于是机智地在上下联中各加了一个字，改为：

门对千竿竹短，
家藏万卷书长。

〔1〕《线装经典》编委会．中国楹联文化宝典［M］．昆明：云南人民出版社，2017：9.

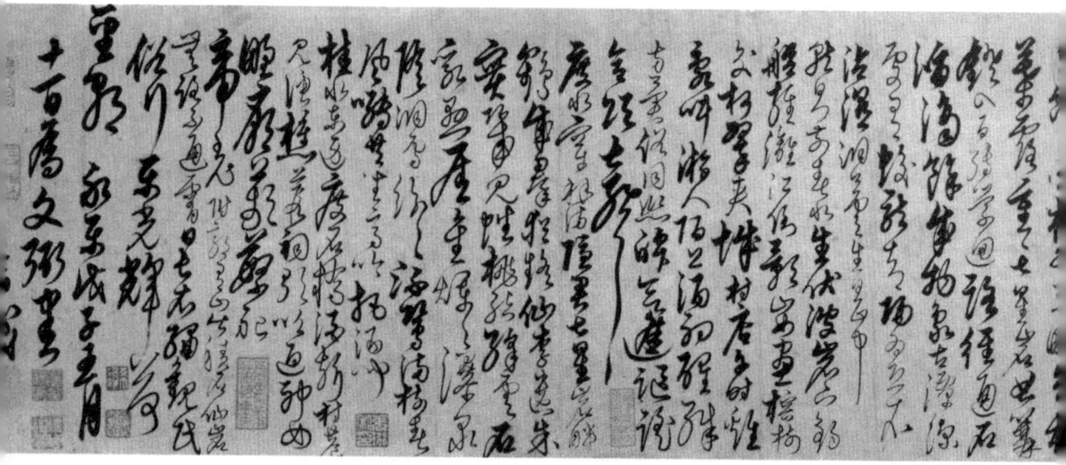

草书《游七星岩诗》
（明）解缙　收藏于北京故宫博物院
纸本，草书，纵22.8厘米，横61.2厘米。28行，284字。解缙在广西做官，游七星岩并为此作诗。七星岩位于广西桂林东七星山，岩洞内有钟乳石奇观，瑰丽多彩，从隋唐起便是旅游胜地。

曹尚书发现没有难倒解缙，很是恼怒，干脆让人把竹子连同根部全部砍掉。聪明的解缙心生一计，又在上下联上各加一字，成了：

门对千竿竹短无，
家藏万卷书长有。

从此，解缙妙写对联、巧改对联的事便家喻户晓，曹尚书也很震惊，小小少年不仅能写这么好的对联，而且还能巧妙机智地改写对联！于是下令传解缙来见，想借机再考察下解缙。于是他事先编好一联写在了粉色的牌子上，说要待解缙对好下一句后方能进门。那上联是：

小犬无知嫌路窄，

解缙人小鬼大，也想看看这个曹尚书到底怎么样，马上对上了下联：

大鹏展翅恨天低。

进门后，曹尚书见解缙身穿着绿袄，又想出了一句：

出水虾蟆穿绿袄，

解缙看出曹尚书的用意，便针锋相对道：

落汤螃蟹着红袍。

曹尚书一见这个“落汤螃蟹”，心中窝火，但不能发作，因为当时尚书正穿着大红色的袍子。他强压怒火讥讽道：“你父母是做什么的？”解缙当然明白他的意图，无非是想羞辱做豆腐生意的父母，便对道：

肩挑日月街前走，
推转乾坤屋内磨。

这副对联说的是父母两人一个在家磨豆腐，一个上街叫卖。尚书一看解缙思维敏捷，对答如流，也就不生气了。从此以后，曹尚书对小解缙也多加照拂，使他小小的年龄就崭露头角。

后来，已经是大学士的解缙，家中来了一位友人。友人见案桌上一个梅花瓶突然让风给刮倒了，致使瓶中水流了出来，便吟道：

东风吹倒玉瓶梅，落花流水。

解学士见此场景还用竹子相对：

朔雪压翻花径竹，带叶拖泥。

友人听了赞道：“您不愧为当朝大学士！”

有一次，解学士去赴宴，席间有一人自恃才高，故意刁难。他深知此人学术并不精进，于是作一联相送：

墙上芦苇，头重脚轻根底浅，
山间竹笋，嘴尖皮厚腹中空。

大家听后哈哈大笑，都拍手叫好。哪料有一个官高权重之人不怀好意，怏怏不服，竟当着大家的面讥讽解学士，吟道：

两猿断木深山中，小猴子也敢对锯（句），

解缙自然也不甘示弱，便针锋相对：

一马陷足污泥内，老畜牲怎能出蹄（题）。

那权贵自讨没趣，偷鸡不成反蚀一把米。这时，另有一人想替那权贵解围，便出一联让解缙对：

蒲叶桃叶葡萄叶，草本木本。

这一句着实不易对，从读音来看，正巧“蒲叶、桃叶”凑成“葡萄叶”；从意义上解读，“蒲叶”是草本，“桃叶”是木本。只见解缙沉思了一会儿立刻对出下句：

梅花桂花玫瑰花，春香秋香。

此句一出，无与伦比。

据传解缙很受皇帝青睐。一次，有个宫妃刚生了一个孩子。恰巧赶上解缙上朝，他听说这件事情后，立刻恭贺道：

《十同年图》卷

（明）佚名　收藏于北京故宫博物院

绢本，设色，纵48.5厘米，横257厘米。图中的明代官员为明天顺八年（1464年）甲申的同榜进士，弘治十六年（1503年）三月二十五日，朝中九位大臣在刑部尚书闵珪府中聚会。画面上人物分三组，从卷首起第一组三人分别是南京户部尚书王轼、吏部左侍郎焦芳、礼部右侍郎谢铎；第二组四人分别是工部尚书曾鉴、刑部尚书闵珪、工部右侍郎张达、都察院左都御使戴珊；第三组三人分别是户部右侍郎陈清、兵部尚书刘大夏、户部尚书兼谨身殿大学士李东阳。从画作中可了解明朝官员的样貌和朝服式样。

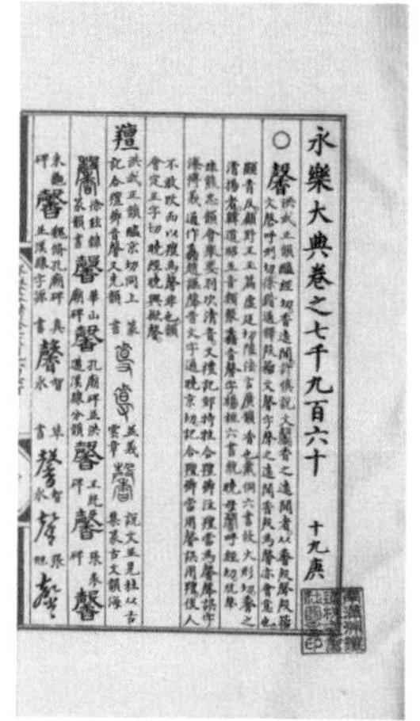
永樂大典卷之七千九百六十　十九庚

永樂大典卷之六千五百二十三

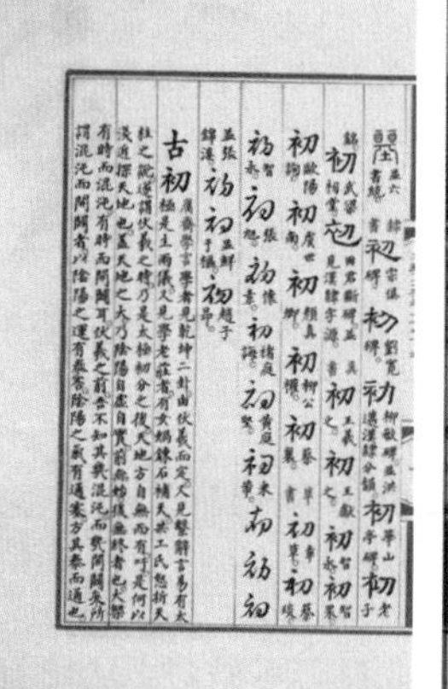

永樂大典卷之二千四百六　六模

《永乐大典》（节选）

收藏于中国大连图书馆

编写于明朝永乐年间，以姚广孝和解缙为主编辑的一部中国典籍大集，可以说是中国早年间的百科全书，全书共计22937卷，由2000多名文人学者历时6年完成。内容包括了中国14世纪以前的历史类、地理类、文学类、艺术类、宗教类等著作合集。

吾王昨夜降黄龙，

皇帝回复说，不是太子，是个公主呀！解学士立刻随机应变答道：

月里姮娥下九重，

皇帝说，昨夜不幸夭折。解学士脑筋一转续了一句：

料想世间留不得，

皇帝说，已让宫女扔进金水河了。解学士答道：

翻身跳入水晶宫。

解缙文采出众，思路开阔，连朱元璋都想考考他。一天，群臣朝拜毕，朱元璋对解缙说："今天我让你用一个字把完全不一样的两句话串在一起，组成一句假话，这两句话一句是左丞相说的真话，另一句是右丞相说的假话，你可以吗？"解缙答道："没问题，可以的！"左丞相说："皇帝坐在龙椅上。"右丞相说："老鼠捉猫。"这是多么不相干的两句话，怎么连成一句话呀，众大臣嘘声一片，正当大家替解缙担忧时，就听见解缙从容不迫地对道：

皇帝坐在龙椅上看老鼠捉猫。

这的确是一句假话，只添加了一个"看"字就成了。朱元璋不甘心，又说："还是用这两句话，让它成为一句真话，还是用一个字串接。"刚一说完，解缙马上串成了，对道：

皇帝坐在龙椅上讲老鼠捉猫。

大家一听，对得真妙，但全都吓得瞠目结舌，怕解缙惹怒了皇帝，埋下祸根。但是这的确是一句实话，而这句话就是刚才由皇帝亲口说出来的，皇帝一下子也被逗乐了，这个机智的回答也让解缙闻名天下。

妙语联珠的唐伯虎

唐伯虎，字子畏，一字伯虎，号六如居士、桃花庵主、逃禅仙吏等。明代著名画家、书法家和诗人，出身商贩之家，吴县（今江苏苏州）人。唐伯虎在年少时就才华出众，又满腹经伦、学识很广，弘治十一年（1498年）中应天府（今江苏南京）第一名解元。第二年，与江阴徐泾作伴一路北上进北京参加科举考试，受科场舞弊案牵连而入狱，降职为吏。正所谓“下诏狱，谪为吏”，正德九年（1514年），投奔江西宁王朱宸濠幕下，后来发觉朱有违犯法度的事情，为自保便返回苏州。经此二事，他对仕途丧失信心，在一个叫桃花坞的地方建筑屋舍，一心一意以书画、诗文为生直到终年。一路走来他很是不顺，各种不如意也让他惭惭形成了任性豪放、不受约束、达观超然的人生态度，自称为“江南第一风流才子”〔1〕。

〔1〕 刘乾先，董莲池，张玉春，等. 中华文明实录［M］. 哈尔滨：黑龙江人民出版社，2002：898—899.

明代知书能文的人都时兴题联作对，唐伯虎等江南才子也不例外，并将楹联的创作推向了一个高潮[1]。明代文人中写对联成风，解缙、李东阳、唐伯虎、林大钦等都是对联的高手，对联技巧促进了对联质量的提高，使题、赠、贺、挽联各种楹联走向成熟。[2]

在唐伯虎年轻的时候，有一个非常要好的朋友，名叫祝枝山，二人经常饮酒赋诗，以此为乐。一次，见窗外荷池绿叶如盖，鱼儿向荷叶底下游去，祝枝山出对曰：

池中荷叶鱼儿伞，

唐伯虎则以湖边亭梁上结的蛛网为题对云：

梁上蛛丝燕子帘。

此时，忽听窗外传来应对声：

袄里棉花虱子巢。

二人大惊，走出门外，看见一个乞丐正在窗下捉袄里的虱子。祝枝山用怀疑的口吻问道："你也会对对子？"

乞丐随口对道：

君在堂上邀双月，

〔1〕《线装经典》编委会．中国楹联文化宝典［M］．昆明：云南人民出版社，2017：9.

〔2〕何耀起．鞍山楹联文化［M］．沈阳：春风文艺出版社，2014：211.

《唐寅画像》（清）华嵒 收藏于中国台北『故宫博物院』

然后请他二人对下联，二人一时对不出。只听那乞丐不慌不忙道出下联：

我于窗下捉半风。

好一个聪明的乞丐，巧妙地运用了“拆字法”，“双月”是“朋”字，“半风”是“虱”，字拆得有趣。唐伯虎和祝枝山忙慷慨解囊，给了乞丐许多银两。

唐伯虎和祝枝山出去游玩，两人喝得酩酊大醉。祝枝山趁着酒意，说了个上联：

贾岛醉来非假倒。

祝枝山在这儿用了谐音异字，就是“假倒”谐音了“贾岛”，拿“贾岛”这个唐代诗人的名字，来形容他俩当时行走、坐立时都醉得身体摇晃不稳的模样。所谓“非假倒”，就是要真倒！唐伯虎听了，稍微一琢磨，计上心来，马上对出：

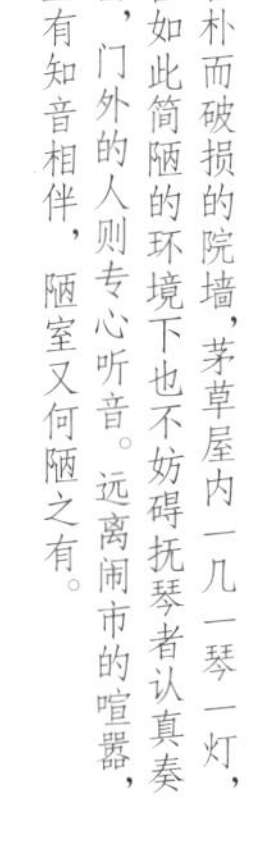

《听琴图》轴

（明）唐寅　收藏于美国克利夫兰美术馆

古朴而破损的院墙，茅草屋内一几一琴一灯，在如此简陋的环境下也不妨碍抚琴者认真奏曲，门外的人则专心听音。远离闹市的喧嚣，且有知音相伴，陋室又何陋之有。

宴饮雅聚

选自《苏州市景商业图》册　佚名　收藏于法国国家图书馆

展现了清朝时期江南一代淳朴的民风，富饶的街市，以及美景。画中一处民居里，屋主人正在宴请亲朋好友，大家围桌而坐，细品美味佳肴。

刘伶饮尽不留零。

在这里，唐伯虎也用了谐音异字，就是“留零”谐音“刘伶（西晋名士，嗜酒不羁）”，拿刘伶的名字，来形容他俩喝得滴酒不剩的样子。所谓“不留零”，即“一滴不剩”的意思！

又一次，他和祝枝山一起作诗喝酒。其间突然有人相告，好友徐祯卿家半夜的时候生了孩子。唐伯虎听到这个消息后拿起酒杯表示庆祝，并且随口吟诵一句：

半夜生孩，亥子二时不定；

祝枝山也不示弱，应声而对：

百年匹配，已酉两性难当。

对完两人面带微笑看着对方，举起酒杯畅快地喝酒。这副对联是拆字联在句式上的一种变化，称为“变格”。“半夜生孩”的“孩”字，拆开来是“子”“亥”二字。从时间上说，正好是“亥”与“子”时之交的“半夜”。他们只听说是“半夜生孩”，是“亥”时还是“子”时？不好确定，所以说“亥子两时的确不容易分清”。祝枝山的下联也是十分巧妙，构成方法与上联类似，“百年匹配”的“配”字，正是最合适的配偶。

有一次，唐伯虎约祝枝山外出游玩，他们来到一座寺庙，见庙中长老和尚的禅房墙上挂了一幅画，画的是三两枝出水荷花，倒也清雅，旁边尚有一句奇联，道是：

画上荷花和尚画，

唐伯虎的大名长老早就听说了，赶快请他为画上的上联出下联。唐伯虎沉思片刻，手腕悬起，屈臂挥就，那下联是：

书临汉字翰林书。

这副对联真是妙不可言，妙在它从前往后读和从后往前读末字音韵一样。

苏州有个商人，请唐伯虎题一副店联，唐伯虎深谙商人心理，写道：

门前生意，好似夏夜蚊虫，队进队出；
柜里铜钱，犹如冬天虱子，越捉越多。

这副对联的字面意思好似生意兴旺、钱财满贯，但仔细琢磨其实是讽刺这个商人做不了生意，但商人不知，得了对联心满意足地离开了。

《画秋林图》成扇
（明）唐寅　收藏于中国台北“故宫博物院”

徐文长智送对联

徐文长即徐渭，生活在明朝嘉靖万历年间，是为绍兴民间津津乐道的一位奇人，他既是绍兴有名的“师爷”（即律师），又是民间颇有传奇色彩的幽默大师。徐文长在书法、绘画、诗文、戏曲等多方面都有很高的成就。他于中年时开始学画花卉，栩栩如生且笔墨有韵味、不拘束，散发着自然的情趣。他亦画山水、人物，创水墨写意花鸟画新格调，对后世影响甚大，与陈淳并称“青藤、白阳”。徐文长善行草书，起初向黄庭坚学习，老年时向苏轼、米芾学习，行笔豪迈奔放、飘动，下笔气势雄伟横逸，苍劲中姿媚跃出，有超强的视觉效果。明陶望龄云：“渭行、草书精伟奇杰，尝言‘吾书第一，诗二，文三，画四’，识者许之。其论书主于运笔，大概仿米氏云。”明袁宏道云：“文长喜作书，笔意奔放如其诗，苍劲中姿媚跃出，在王雅宜、文徵仲之上，不论书法而论书神，诚八法之散圣，字林之侠客也。”[1]

徐文长十四岁时，有一位叫王建成的知县来山阴县上任，他十分有才气，弹琴、弈棋、写字、绘画、写文章，样样在行，而且特别重视有才华的人。刚一到任，他就拜访了山阴县所有的读书人和雅士。有一天，知县王建成在县衙招集了全县 15 岁以下的孩童，举办了知名的“童子宴”。宴会前，王知县先领着 15 个孩童到文庙参拜完孔子，随后分列两旁坐下。王知县坐在厅堂正中间说：“江浙乃人文之乡，本县有一上联，谁在一炷香内对出下联，本县奖赏银子十两。”众童听后甚喜，都想在比赛中一展身手。

王知县出上联：

一石籼稻，磨、舂、筛、簸，只剩下四斗七八升净米；

此联既有数，又有量，想对好不容易，以前的一石（担）等于十斗，斗等于十升。孩童们嘟嘟囔囔地说着，约定的时间快到了还是没有人能对出。王知县望了望徐文长，想问下他是否有下联，但他始终没有张口问，只是笑笑不语。随后，徐文长想起前几天自己去油坊买麻油的事，于是回复王知县：“学生有下联了，大人。”说罢便吟诵而出：

百合芝麻，炒、蒸、碾、榨，才得到三斤五六两清油。

王知县怎么也没预料到，小小年岁的徐文长不但将对子对得精巧细

---

〔1〕 吴养木 . 中国古代书法家辞典［M］. 杭州：浙江人民出版社，1999：342—343.

致，妙处横生，而且熟知百合、芝麻的操作流程，立刻便奖励了他十两银子。

一年的乡试开始了，皇帝决定派有考务经验的人到绍兴来主试，这个人叫窦光鼐，是个老太师，他根据考务事情的安排，要提前赶至绍兴作准备。窦太师走在路上，很讲排面，只见他扛着“天下无书不读”的御赐金牌开路，嘴上还不停地吆喝，气势威武，不可一世。

窦太师要来的消息传到了徐文长的耳朵里，早听说其人傲慢，便想找机会挫挫他的傲气。这时正值炎热盛暑，他赤身露腹地睡在东郭门内的官道当中。

随着“当……”声音的接近，徐文长知道这是敲锣开道、大张旗鼓的老太师来了。拿着头牌管事的人突然瞧见在官道中躺着一个小孩子，赶紧报告，窦太师一听，根本没当回事，心想一个挡道的小毛孩子能怎么样，就让抬轿的停下。当他走出轿子一瞧，发现小孩睡得正酣，便赶快喊醒他。徐文长假装无辜，毕恭毕敬地立在一边，想着会不会被治罪。只听见窦太师问话：“你在热石板上睡觉是什么意思？就不怕晒？”徐文长光明正大地回复道：“没有什么意思，就是想晾晾自己腹中的万卷书。”窦太师听后对他说：“既然你喜欢读书，一定还会对联。我出个联你来对，如果对不出来，你就给我让道。”徐文长早有准备，马上反问：“假如对出来，又当如何？”窦太师心里本来就轻视这小孩子，于是便说：“假如对得好，我就要让全部抬轿的人留在这儿，自己走到学宫。”

窦太师便张嘴吟诵道：“南街三学士”，徐文长根本不用思考，回对“东郭两军门”。徐文长把南街与东郭，文官与武将对应的词组合在一起，并且五个台门也都是绍兴城内知名的，太师听后深深地点头称是，乖乖地走着去了学宫。

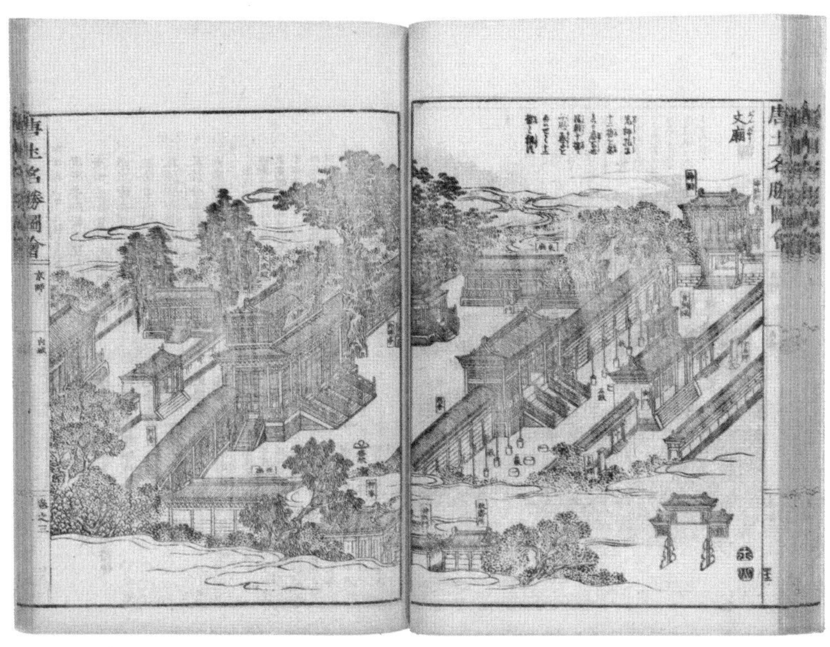

文庙

选自《唐土名胜图会》日本刊本 ［日］冈田玉山等 收藏于日本早稻田大学图书馆

《唐土名胜图会》描绘了清乾嘉时期的城市面貌、生活节日习俗、皇家规格等各种典礼。文庙又称孔子庙、先师庙、夫子庙等，按照『庙学一体』的古代教育制度和『左庙右学』的建筑礼仪制度，北京城内的文庙与最高学府国子监比邻。北京文庙又称先师庙，始建于元大德六年（1302年），历经明清两代的整合修缮，现如今已有700多年的历史。

有一年，绍兴城里开了一家点心店，徐文长常到这里，店主自觉跟他很熟悉了，就请求他帮自己写一个招揽顾客的牌子，徐文长一气呵成，并叮嘱店主说：“牌子的字不能任意改变，是什么样就怎么样挂。”店主答应了。哪料到这牌子自从挂出来后，点心店就火了起来，每天人来人往，就像过集市一样，怎么回事呢，原来徐文长故意把心字写错，将中心的一点漏掉，因为这个错字，惹得人们都来看，所以点心店顾客盈门、买卖兴旺。

随着点心店知名度的传开，店主便不好好地做生意了，经常敷衍了事，粗制滥造，点心

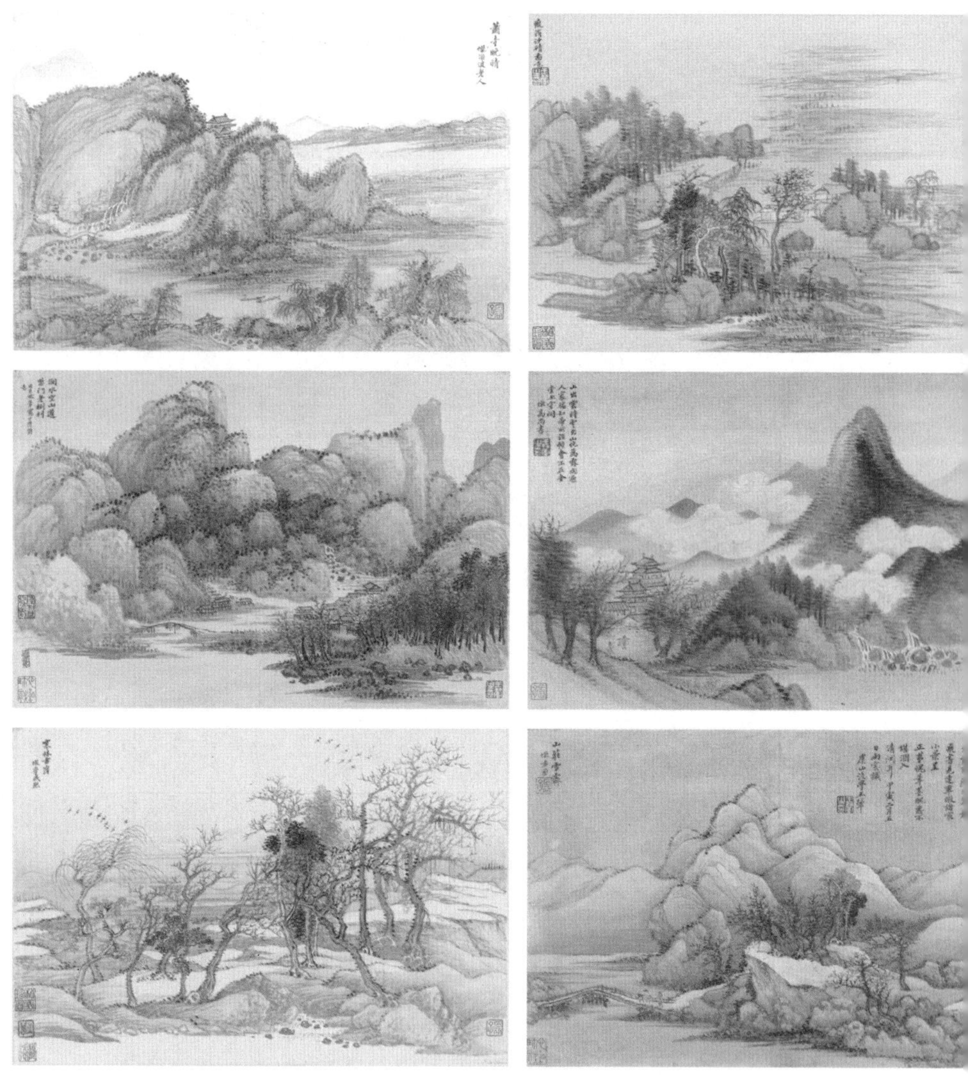

《王石谷仿古山水》册

（清）王翚　收藏于美国大都会博物馆

王翚，字石谷，号耕烟散人、清晖老人等，江苏常熟人，清代著名画家，被称为『清初画圣』，与王鉴、王时敏、王原祁合称山水画家『四王』。

的做工越来越不行了，自然生意惨淡。有一天，一个顾客对店主说：“‘心’漏掉一点还叫‘心’吗？想想也知生意不好的原因！”店主于是请人在“心”中间补了一笔，但生意不但没有扭转局面，反而越发落寞了。店主实在搞不清状况，便硬着头皮来请教徐文长。

徐文长说：“‘心’中漏一点，肯定会招人注意，也会让人有饿的意思，所以人就想吃点点心。后又增加了一点，搞成了腹部满满，哪个还有食欲？做生意不能贪婪。我告诉你一个补救的方法吧，在‘心’上把那个黑点变为红色，生意自会再次火爆。”

店主照样做了，果然非常管用，自此以后，点心店的生意又兴旺了起来。

由于徐文长成年后常写文章针砭时弊，所以经常得罪大小官员。有一年，徐文长写了一篇批评绍兴知府的文章，知府看后要派公差来捉拿

他，一个朋友告诉了他，他立刻翻墙逃跑。他穿过几条小弄堂到华严弄里，想歇息一下就脱下长衫，谁料五个公差就在他身后。徐文长见前方正立着一块“泰山石敢当”的石碑，心生一计，见机行事，弯腰去读碑。就等公差过来，只见他故意大声念出来：“秦—川—右—取—堂。”公差正想上前审问，一听他把“泰山石敢当”念成“秦川右取堂”，都呆住了，心想：这人几乎都不认字，定然不是徐文长，便去盘查其他人了，徐文长因此躲过一劫。

徐文长有一副精巧的对联，在四川长宁县朝云庙：

朝云朝朝朝朝朝朝朝退，

长水长长长长长长长流。

这里的“朝云”是庙名，“长水”是河名，其意思是：“朝云朝

《消夏图》

（清）顾见龙、王时敏　收藏于美国明尼亚波利斯艺术馆

此图展现了亭台楼阁、园中幽居的情趣，描绘的是炎炎夏日，古人常临池而坐，水榭楼台，幽居避暑，享受清凉的场面。

（潮），朝朝朝（潮），朝朝（潮）朝退；长水长（涨），长长（常常）涨，长（常）涨长（常）流”。他运用一字两音和同音借用的方法写下了这副前所未有、无与伦比的对联，充分显示了他超出常人的智力。人们除了赞叹，纷纷效仿，但从不署名。有的是把原联摘头去尾，如福州罗星塔上的对联：

朝朝朝朝朝朝夕，
长长长长长长消。

上下两联写的都是海潮涨落的特点：朝朝潮，朝潮朝夕；常常涨，常涨常消。也有将原联全然换掉的，如著名的山海关孟姜女庙的楹联：

海水朝朝朝朝朝朝朝落，
浮云长长长长长长长消。

徐文长才情纵横，为人放浪不羁，虽有才华，但人生颇为坎坷。他的许多珍闻逸事流传至今，也让他成了一位颇为传奇的历史人物。

郑板桥巧出对联

郑板桥，名郑燮，江苏兴化人，字克柔，号板桥，人称为板桥居士、板桥道人、板桥老人等。郑板桥在乾隆元年（1736年）中进士，乾隆六年（1741年）任山东范县知县，乾隆十一年（1746年）自范县调署潍县，乾隆十八年（1753年）因助农民诉讼及办理赈济得罪地方豪绅大吏，被解除潍县知县职。他做官前后都是在扬州卖书画，因生活闲散自由、脱离世事，举止不同凡夫俗子，尤其视金钱如粪土，更不为权势所动，非常爱护老百姓，因而被称为"扬州八怪"之一。郑板桥善诗、词、曲及书札散文，以诗、书、画"三绝"著称于世[1]。除诗词书画外，他的楹联也家喻户晓。

一次，一位苏州府蔡姓州官前来拜访，郑板桥听说此人为官清廉，

〔1〕吴养木．中国古代书法家辞典［M］．杭州：浙江人民出版社，1999：577—578.

《墨竹图》（清）郑板桥 收藏于北京故宫博物院

就陪他去扬州南门看文峰塔。走到南门，忽见一家门口写着两行古怪的对联：

上联：二三四五
下联：六七八九
横批：南北

郑板桥看后扭头回返。过了一会儿，他气喘吁吁地拎着衣服、肉和一袋粮食来了，州官一脸愕然。他们敲开那户人家的大门，只见一家老小被困于屋内，因天冷无衣不敢出门。再一看锅灶，冷水清汤，一粒粮食也没有。他们赶紧把东西留下就走了。出门后，州官很是纳闷，问他怎么知道这家没衣没穿，没粮食呢？郑板桥解释："这家门上很清楚地写着'二三四五，六七八九'吗？上联少一下联少十，等于告诉人们缺一（衣）少十（食），横批'南北'就更有意思，方位有'南北'就是没有'东西'，可见这里住着一个穷秀才，死要面子，不肯向人贷借，才写出这种对联。"听了郑板桥的一席话语，州官大赞他的文才和机敏。

镇江有座焦山，山上风景秀丽，又有许多竹子。有一处四方形的四合院，叫"别峰庵”，郑板桥当年曾在那里住过。据传他到了庵中，先帮和尚挑水，又把房屋打扫干净，糊好窗子，摆下文房四宝，左看右看，觉得幽静雅致，就提笔写了一副对联：

室雅何须大，
花香不在多。

这是一首称赞居室的好诗，意思是说独自在家，不用家有多大，花有多多，就可以雅芳自赏，泽善其身。这副对联被刻在此地郑板桥书房的两扇木门上，至今完好无缺。

郑板桥做县官时，遇上了这样一件事，有位教书的老

《西园雅集图》

（宋）李公麟　收藏于中国台北『故宫博物院』

在古代，文人之间的集会称为『雅集』，史上著名的雅集一个是东晋时期的『兰亭集』；另一个便是北宋汴京的『西园雅集』了。『西园雅集』因李公麟的画和米芾的题记而闻名，后世多摹画，描绘了包括李公麟在内的众多文人雅士（苏东坡、黄庭坚、米芾等），在驸马都尉王诜府中写字赋诗，游乐聚会的情景。

《陶渊明像传》　赵孟頫（元）　收藏于日本早稻田大学

《陶渊明归去来辞图》卷　（元）佚名　收藏于克利夫兰博物馆

图中描绘了陶渊明的田园生活。

先生，和主人说好薪资是一年八吊钱，可是年底主人又不给了，老先生只好到县衙告状。郑板桥问："是不是你学问不深，教得不好，人家才不给你钱呢？"老先生说愿当堂试验，郑板桥用手一指挂在大堂上的灯笼说：

四面灯单层纸辉辉煌煌照遍东西南北，

老先生当时气还没消，随口答道：

一年学八吊钱辛辛苦苦历尽春夏秋冬。

郑板桥一听，心想这老先生还真有点学问，于是让主人不仅付了工钱还罚主人给了赔偿金，并将先生留在衙内工作，让他的生活有保障。

郑板桥的"三绝"是人们常说的诗、书、画。有一次，他到好朋友李啸村家去做客，宾朋入座，酒菜上桌之后，李啸村看着郑板桥出一上联：

三绝诗书画，

一屋子客人谁也没想出如何对下联，这时郑板桥脱口而出：

一官归去来。

合座拍掌称妙，因为郑板桥与陶渊明二人都是知县，且都不愿同流合污，不为五斗米折腰，所以用"一官归去来"这句陶渊明的现成诗句，对以"三绝诗书画"再好不过。

郑板桥赞举良善，疾恶如仇，为人正直，不阿权贵。有一次，他的一个朋友说："先生才华出众，作诗歌赋，作对子，样样精通，可以给自己写个对联吗？"郑板桥说："这有何难！"随即念了一联：

虚心竹有低头叶，
傲骨梅无两面枝。

朋友听后叹服，这一副对联确实是郑板桥人格的真实写照。

六十岁生日时，这位落拓不群的"扬州一怪"，根据自己的生活历程及感想写了一副自寿长联，高高挂在厅堂上，谁看了都拍手称赞，妙不可言，长联云：

常如作客，何问康宁，但使囊有余钱，瓮有余酿，釜有余粮。取数页尝心旧纸，放浪吟哦，兴要阔，皮要顽，五官灵动胜千官，过到六旬犹少，定欲成仙，空生烦恼，只令耳无俗声，眼无俗物，胸有俗事。将几枝随意新花，纵横穿插，睡得迟，起得早，一日清闲似两日，笑来百岁已多。

这个自寿长联简直就是他的人生总结，写得酣畅淋漓，不仅对仗工整，且用语不凡，妙趣横生。虽有些"消息"情绪、"牢骚"意识，但在当时也能理解。郑板桥书的"难得糊涂"独创了一种新奇写法，更是他的处世原则和对黑暗社会的消极反对，后人引申为人生的最高境界。

纪晓岚的『妙联』与『绝对』

纪昀，字晓岚，出生在直隶河间府崔尔庄（现河北省沧县）。乾隆十二年（1747 年）中乡试解元，十九年（1754 年）中进士，历官翰林院编修、侍读学士、日讲起居注官、内阁学士、礼部尚书、左都御史协办大学士加太子太保，历充《四库全书》总纂、《高宗纯皇帝实录》馆副总裁[1]。

〔1〕 龚笃清，明代八股文史［M］. 长沙：岳麓书社，2017：539.

“对对子”是中国古代文人之间乃至普通百姓中试才斗智的一种主要方式，也是中国传统汉字文化的重要组成部分。纪晓岚工诗善文，才华横溢，尤以对联为妙，是热衷于对对联的大师[1]。

纪晓岚小时候在私塾上学时就聪慧过人，一目十行，别人都叫他“神童”，他的老师石先生也非常喜欢他。有一次，纪晓岚做完功课后偷偷地在家里面喂家雀玩，他把砖墙撤出一砖洞，放入家雀再用砖堵上。石先生责其不务正业，便将家雀摔死在砖上，并戏书一联：

细羽家禽砖后死，

纪晓岚一看这对子，就知道出自石先生之手，于是续上下联曰：

粗毛野兽石先生。

石先生看后非常生气，手执教鞭质问纪晓岚：“你为什么辱骂先生？”纪晓岚却慢悠悠地答道：“我是按先生的上联续写的下联。请看，粗对细，毛对羽，野对家，兽对禽，石对砖，先对后，生对死，这样写没什么问题啊！”石先生虽恼羞但却什么话也说不出，只能拂袖离去。

一日，纪晓岚与几个童伴在街边玩球。这时候太守经过，他们的球偏巧不巧地丢到了太守的官轿中，衙役见此情形，大声呵斥，所有孩子都惊慌失措地逃走了，唯独晓岚一人不但不逃，还挺身上前，拦住轿子，去找太守要球。太守觉得这个孩子不简单，看他有胆有识，而且憨态可掬，就没有怪罪，和和气气地问了纪晓岚的名字之后，说道：“要我把

〔1〕 谭晓明．楹联大全［M］．北京：民主与建设出版社，2013：20.

球还给你可以，但是我有一联，你若能对出来，才能把球拿走。”纪晓岚天真地点点头，等候太守出联。太守说：

童子六七人，惟汝狡；

纪晓岚听了上联，随口对道：

太守二千石，独公……

最后一字，他却迟迟不说。

太守问道：“还剩最后一字，为什么不说了？”纪晓岚笑道：“那就得两说了，如果太守把球还给我，那就是‘独公廉’，如果不还我球，便是‘独公贪’了。”

太守见他对答如流，异常聪慧，就笑着把球还给了他。

纪晓岚应童子试时，主考官是一位青年才俊，登科仅三年，因闻纪晓岚有“神童”的美称，所以特意想考一考他，他出了上联：

八岁儿童，岂有登科大志；

这句话常人听到可能就生气了，但是纪晓岚却文思泉涌，立即回敬一则下联：

三年经历，料无报国雄心。

考官听后气得七窍生烟，想要再出一联，正巧看见门上绘有神荼、郁垒二位将军，就出一联云：

门上将军，两脚未曾着地，

纪晓岚立马灵机一动，答道：

朝中宰相，一手可以托天。

听到这里，考官不佩服纪晓岚的才华也不行了，“神童”之誉更加不胫而走。

十二岁时，纪晓岚就进京了，十七岁返乡，二十一岁考上秀才之后，在府城外的书院就读。一次，他于春日郊游，信手折得桃花一枝，边走边嗅，不料却遇上了以前那位主考官，已升任知府，正微服私访。纪晓岚急切之间，便将手中桃花藏入袖中，匆忙为礼。知府见状，遂出一联：

白面书生，袖里暗藏春色，

纪晓岚见状，从容应答道：

黄堂太守，眼中明察秋毫。

如此妙答，知府大人不禁大为赞叹。

纪晓岚三十岁入翰林院，他的才思就非一般人所能及。

乾隆皇帝也是个喜欢研究文字的人，有一次乾隆皇帝率群臣登泰山，至岱庙祭祀。闲谈中，提及《论语》中的“色难”一辞，乾隆说：“此

嗔顽童茗烟闹书房

选自《清孙温绘全本红楼梦》册　（清）孙温　收藏于旅顺博物馆

图中描绘了《红楼梦》第九回『训劣子李贵承申饬，嗔顽童茗烟闹书房』中金荣大闹学堂的场景。

二字最难属对。”纪晓岚却随声答道：“啊，容易！”

“那么你就试对一下看看！”乾隆说。

“适才臣已对过了。”晓岚答。

“啊……容……易……”乾隆回味适才晓岚说的“容易”二字，果然正是绝妙佳对，不禁大笑起来。君臣到了“观音阁”游览，乾隆又出一联让纪晓岚对：

寸土为寺，寺旁言诗，诗云：明日扬帆离古寺，

纪晓岚马上应声对道：

两木成林，林下示禁，禁曰：斧斤以时入山林。

这一联最后一句用了《孟子》中现成的句子，对得贴切自然。他们到达“斗母宫”后，看到宫中的一座佛堂新近落成，了因师太便向乾隆君臣求赐诗联，悬挂佛堂。乾隆首先写下一联：

钟声磬声鼓声，声声自在；
山色水色物色，色色皆空。

众人都觉得这对联对得奇绝无比。了因师太又请纪晓岚再题一联。纪晓岚环视一圈，又开始开玩笑了，只见他提笔快速写成一联：

《康熙南巡图》（局部）

（清）王翚等　收藏于美国纽约大都会艺术博物馆

康熙皇帝为了加强统治，先后六次南巡。此卷是其中的第三卷『康熙南巡至山东境内』。画中，南巡的部队从济南府出发，一路经过绵绵高山。在泰安州，康熙皇帝又到泰山致礼，祭拜天地和山川。泰山是中国五岳之首，也是历朝历代皇帝设祭坛，祈求国泰民安的地方。秦始皇曾在此举行过大规模封禅仪式，在泰山封禅祭祀则被认为是求天神赐予吉祥『符瑞』。

神荼、郁垒二将军 清代年画

收藏于大英博物馆

二人为守门之神，是自古传承至今的民间信仰，传说神荼与郁垒为一对兄弟，兄弟俩都擅长捉鬼。人们将门神贴于门上，用以驱邪避鬼、保卫家宅平安，他们是中国民间家户的守护神。

一笔直通，

两扇敞开。

大家看后觉得这个对子有些不雅，乾隆觉得纪晓岚这玩笑开得有点过了，纪晓岚见状提起笔来，在刚写好的对联下，各加了三个字，成为：

一笔直通西天路，

两扇敞开大千门。

众人没有不佩服纪晓岚的。

有一天早晨，纪晓岚和同僚们在朝房里等着乾隆召见，坐了很久，仍未见皇上登殿。纪晓岚忍不住发牢骚："怎么还不来？这老头儿？"

不料话音未落，乾隆已经微服而至。听到了纪晓岚说这话，乾隆非常不高兴，随声问道："这老头儿？你是什么意思？"

在场的朝臣都看着纪晓岚，谁也不敢说一句话，以为他恐怕要倒霉了。

只见纪晓岚从容地摘下了自己的顶戴，趋前几步跪奏："万寿无疆之谓老，至尊无上之谓头，父天母地之谓儿。"

乾隆虽然觉得他的解释是一种诡辩，但也不好再多说，这样一来，纪晓岚又轻松化解了这场小风波。

纪晓岚有"对联大师"之誉，他自认"天下没有不可对的对子"。谁承想，他也有被人难住的一天，此人便是夫人马氏。一天晚上，纪晓岚携妻赏月。夫人说："你老说我的对联不怎么样，今天我就出一联，让你对对，看看你能不能对出来。"纪晓岚哈哈一笑："我和多少名士都对过对子，我会怕夫人不成？"夫人也不答话，手指月透纱窗的情景咏出上联：

月照纱窗，个个孔明诸葛亮。

诸葛亮，字孔明，这一联借他的姓名和字，描绘了月光透过纱窗，呈现出格格孔洞的样子，并且每个孔洞都是明亮的，若用谐音替代即为"月照纱窗，格格孔明逐格亮"。

才思敏捷的纪晓岚，居然对不出来了，这一上联居然成为了"绝对"。

相关链接

中国的对联

秦汉前后，中国民间过年时有悬挂桃符的习俗。那时候，人类对自然的认识非常有限，对鬼神保持着无限的敬畏。为了驱鬼压邪，人们将传说中的降鬼大神“神荼”和“郁垒”的名字，分别写在两块桃木板上，然后再悬挂于门的左右两边。这种习俗一直持续了一千多年。

到了五代时期，人们开始把一些飨祀祝福的对联也写在桃木板上悬挂。据《宋史蜀世家》记载，五代后蜀主孟昶“每岁除，命学士为词，题桃符，置寝门左右。学士幸寅逊撰词，昶以其非工，自命笔题云：新年纳余庆，嘉节号长春”。这是我国最早出现的一副春联。

宋代以后，民间新年开始普遍悬挂春联了，王安石“千门万户曈曈日，总把新桃换旧符”之句便真实反映了当时的盛况。由于春联的出现和桃符有着密切的关系，所以古人又称春联为“桃符”。

一直到了明代，人们才开始用红纸贴对联代替桃木板，这便是我们今天所见的春联。据《簪云楼杂话》记载，明太祖朱元璋定都金陵后，除夕前，曾命公卿士庶家门上必须加一副春联，并亲自微服出巡，挨门观赏。自此以后，文人学士无不把题联作对视为雅事。入清以后，对联曾鼎盛一时，出现了不少脍炙人口的名联佳对。

对联是一字一音的汉语语言独特的艺术表现形式，是由律诗的对偶句发展而来的，因此保留着律诗的某些特点。古人把吟诗作对相提并论，这便在一定程度上反映了两者之间的关系。对联要求言简意赅，对仗工整，平仄协调，上联尾字仄声，下联尾字平声，这些特点都和律诗有相似之处，因此有人把对联称为“张贴的诗”。但对联又不同于诗，它比诗更精简，只有上联和下联，句式也较灵活，可长可短，伸缩自如。对联可以是四言、五言、六言、七言、八言、九言，也可以是十言、几十言。在我国古建筑中，甚至还有多达数百字的长联。

对联无论是咏物言志，还是写景抒情，都要求作者有较高的概括力与驾驭文字的本领，以寥寥数语做到文情并茂，神形兼备，给人以思想和艺术美的感受。可以说，对联艺术是中华民族的文化瑰宝。

第五章 幽默的汉字

俚俗诙谐的诗体——打油诗

打油诗是一种语言俚俗，风格诙谐，富有情趣的杂体诗[1]。在中国的正统文化中，打油诗一直被认为难登大雅之堂，所以在古代文学史里不仅没有它的一席之地，即便是比较宽泛的“诗话”中也很少被人提及。到了当代，著名作家周作人却不吝赞美之词：“思想文艺上的旁门

〔1〕 刘华民．中国古代杂体诗鉴赏［M］．苏州：苏州大学出版社，2018：141.

往往比正统更有意思，因此更有生命力。”这就为打油诗作了最好的注释。打油诗往往集趣味性、知识性、故事性和通俗性为一体，很多与打油诗有关的故事也非常生动有趣。

打油诗最早起源于唐代民间，宋人钱易所著的《南部新书》中便有记录：“有胡钉饺，张打油二人皆能为诗。”张打油与胡钉铰同为唐贞元、元和年间人士，是早期的打油诗作者，打油诗的名称显然得之于张打油[1]。

打油诗用语通俗诙谐，开了讽刺诗的先河。《升庵外集》载张打油《雪诗》曰：“江上一笼统，井上黑窟窿。黄狗身上白，白狗身上肿。”这首咏雪诗通篇虽无一个雪字，但却字字代表了雪。张打油为了改革出新，将自己的这类诗写上自己的名字，所以就叫打油诗。还有一个鲜为人知的故事：有一年冬天，一位大官去祭奠宗祠，刚进大殿，就看见一首诗写在了刚粉刷雪白的照壁上：

六出九天雪飘飘，
恰似玉女下琼瑶，
有朝一日天晴了，
使扫帚的使扫帚，
使锹的使锹。

这位官员不禁怒火中烧，马上严命随从追查涂鸦者，以便治罪。这时一位师爷上前禀道：“大人不必劳心彻查了，这一看就是张打油的诗。”张打油随即被抓，还被大官教训了一通，他见此情形，上前深鞠一躬，

〔1〕 刘华民.中国古代杂体诗鉴赏［M］.苏州：苏州大学出版社，2018：141.

西山晴雪

选自《燕山八景图》册（清）张若澄 收藏于北京故宫博物院

《腊月赏雪》

选自《雍正十二月行乐图》册　（清）郎世宁　收藏于北京故宫博物院

背景是圆明园四十景之『别有洞天』。冬季雪后，侍从忙着洒扫庭院，孩童忙着以雪取乐。

慢条斯理地说道："大人，我张打油平时的确爱信口胡编几句诗，就是我再没有什么能耐，也不会写这类诗凑数。大人若不信，小的情愿当面接受考试以证真伪。"大人听他口气不小，思忖片刻，想到那时候正值安禄山兵在南阳郡被困，于是便以此为考题，要张打油作诗一首。张打油面无难色，脱口成章：

百万贼兵困南阳，

听到如此有气魄的句子，官员连连夸赞，张打油稍微笑了笑，又诵出：

也无援救也无粮，

这位官员摸了摸胡子说："比第一句逊色许多，再往下说。"张打油立刻一鼓作气地又来了三句：

有朝一日城破了，
哭爹的哭爹，
哭娘的哭娘！

这几句，与"使扫帚的使扫帚，使锹的使锹"有异曲同工之妙，必是出自一人之手。大家听了，哄堂大笑，就连这位大官也被张打油的才华逗笑了，决定不再处罚他，张打油从此声名远扬，"打油诗"的叫法也无声无息地传到现在，且经久不衰，持续演变，呈现出鲜活的生命力。

打油诗在民间也不是独宠和享受专有的特权，自从这一类型的诗开创后，因为它通俗易懂，有趣又极具讽刺意味，才久传不衰，而且大家都纷纷模仿。据说明朝开国之君朱元璋在当了皇帝登基时，就曾脑洞大开，文思泉涌，吟出一首《金鸡报晓》诗：

鸡叫一声撅一撅，
鸡叫两声撅两撅。
三声唤出扶桑来，
扫退残星与晓月。

群臣无不惊叹，想不到这位识字不多出身布衣的大老粗皇帝竟能作出如此气魄不凡却略带幽默的打油诗。从诗中也可以看出朱元璋对新建王朝的自信及对未来的企盼、喜悦之情。

明朝有个县令叫徐九经，他有两句脍炙人口且流传甚广的名句："当官不为民做主，不如回家卖红薯。"这也充分表达了他甘愿为民效力的态度。何以为证呢？原来他还写过这样一首打油诗：

头戴纱帽儿，
当官不省劲儿，
平事儿我不管，
专管不平事儿。

可见徐九经尤其关注损害百姓利益的不公之事，以人民安居乐业为己任，他的打油诗微言大义，也可视为他为官的宣言。

可是，古代官场上也并非都像徐九经一样是清官，相传有个贪官，某地为官数年榨尽民脂民膏，离任时恨怨再没有钱财可捞，便在一把折扇上把当地的山水全画了进去。当地老百姓听闻此事便编了一首打油诗赶他出境：

来时萧瑟去时丰，
官币民财一扫空；
只因江山移不去，
临行写入图画中。

此诗形象地描绘了贪官的百般贪婪，先以写意勾勒，再用工笔细描，语言别致，妙趣横生，极具嘲讽意味，极富鞭挞力度。

清朝康熙年间的文华殿大学士张英是安徽桐城人，其老家宅旁有一块空地，与吴姓为邻。有一年，吴家修缮房屋越过两家边界，为此张家与吴家为界墙争执不休。于是张家就修书一封让在京为官的张英出面。见信后，张英并未多言，只是寄回了一首打油诗：

一纸书来只为墙，
让他三尺又何妨？
长城万里今犹在，
不见当年秦始皇。

张家见诗后，明理达意，主动撤让了三尺，吴家得知缘由也让出三尺，互让之地被后人称为“六尺巷”。

清朝的康熙皇帝文化素养颇高，据说有一次他游览陵园时，因一随驾翰林学士把路旁名曰“翁仲”的石人像说成“仲翁”而十分不满，回宫之后，就为此事专门写了一首反语打油诗给那翰林学士：

翁仲如何读仲翁，
想必当年少夫功。
从今不得为林翰，
贬尔江南做判通。

翰林学士把“翁仲”读成“仲翁”，康熙则干脆把“功夫”“翰林”“通判”三个词在诗里逐个颠倒，用这一连串的反语冷讥热嘲，揶揄奚落，辛辣非常，机智俏皮，可读来又有一种含蓄之美。

采用俳谐诗体是打油诗的一大特点，所用皆为俚语，立意不求高远，内容通俗易懂，诙谐幽默，故文人墨客对其不乏贬损，胡钉铰和张打油也自然成了“浅俗诗人”的代表。

总之，打油诗的诗体不仅妙趣横生，而且因其内容和词句通俗易懂还不受平仄韵律的限制，成为大众文化传播和发展的一个有效工具。

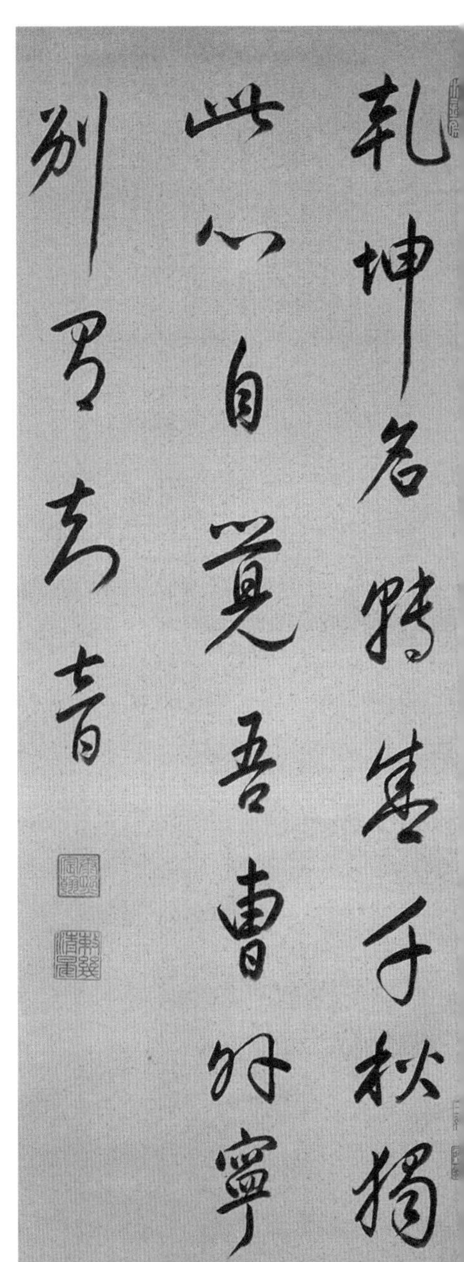

行书《五言古诗》轴
（清）康熙 收藏于中国台北「故宫博物院」
原文：『乾坤名转盛，千秋独此心。自觉吾曹外，宁别有知音。』此作笔法轻松流畅，舒展飘逸。清圣祖康熙皇帝余暇，爱与臣下观摩古人墨迹，切磋诗书，最崇尚董其昌的书法，经常临摹。

幽默的隐语——灯谜

灯谜是写在花灯上的谜语，又叫“灯虎”。猜灯谜又叫“射虎儿”“打灯虎儿”等。灯谜还称为“商谜”，意思是将写好的谜语放在高挂的彩灯里，人们则站在灯下商量着猜谜。

《私志》记录：“王荆公字谜甚多。盖即灯谜之祖。”〔1〕说明灯谜约出现于宋代，元代周密《武林旧事·灯品》中记载：“有以绢灯剪

〔1〕 顾张思. 历代笔记小说大观：土风录［M］. 上海：上海古籍出版社，2016.：15.

写诗词，时寓讥笑，及画人物，藏头隐语，及旧京诨语，戏弄行人。”[1]其中，藏头隐语指的就是灯谜。《武林旧事·诸色伎艺人》中记载了南宋京师临安城有专门从事“商谜”的伎艺人。清代顾禄的《清嘉录》里也有记录，意思是盖住灯的一面，其他三面粘上题目，任大家商量揣摩，称为“打灯谜”。[2]

到明朝时，灯谜经过演变产生了谜格，谜格可以理解为灯谜的格式，犹如律诗一样，制谜者要按格式制，射谜者同样要按格式猜。中国历代很多文人墨客像李白、王安石、曹雪芹等人，以其深邃的文化底蕴，创作了许多灯谜并流传至今，让我们真正感受到了中华传统文化的博大精深。而猜灯谜的意义就在于它让我们扩大了知识面，增强了文学素质，开发了智商，锻炼了思维逻辑，更重要的是它能让我们感觉到满满的生活趣味。

于谦是明朝的名臣，字廷益，号节庵，明仁和人（今杭州）。他家中几代人都是文人和做官的，自己是一位进士，同时也是一位有名的诗人。宣德初年间，于谦出任山西道御史，后升为兵部右侍郎，巡抚河南、山西，历十八年后回到北京。“土木堡之变”后，于谦荣升兵部尚书，拥立景泰帝[3]。于谦曾经写了一首著名的诗：

千锤万击出深山，
烈火焚烧若等闲。
粉骨碎身浑不怕，

---

〔1〕 周密 . 武林旧事［M］. 杭州：浙江人民出版社，1984：34.

〔2〕 顾禄 . 清嘉录［M］. 上海：上海古籍出版社，1986：28.

〔3〕 浙江省人物志编纂委员会 . 浙江省人物志［M］. 杭州：浙江人民出版社，2005：50—51.

花篮灯

选自《升平乐事图》册（清）佚名 收藏于中国台北『故宫博物院』

◀《乾隆帝元宵行乐图》轴

（清）佚名 收藏于北京故宫博物院

纵302厘米，横204.3厘米。描绘了清乾隆皇帝与皇家孩童在皇宫中共同庆祝元宵节的画面。元宵节，又称上元节、小正月、元夕、灯节，为每年农历正月十五日，是中国的传统节日之一。正月是农历的元月，古代人们称『夜』为『宵』；正月十五日，是一年中第一个月圆之夜，因此，又称为『元宵节』。图中乾隆皇帝坐在楼阁上休息，看着楼下的孩童们舞龙、奏乐、唱戏庆贺元宵节，场面十分热闹。

于谦像

选自《古圣贤像传略》清刊本　（清）顾沅／辑录，（清）孔莲卿／绘

于谦，字廷益，号节庵，明代爱国名臣。土木之变，明英宗兵败被俘，他拒绝南迁都城。明代宗即位，亲自督战，抵抗瓦剌大军。但因个性刚直，招致众人忌恨。明英宗复辟后，石亨诬陷于谦，终含冤遇害。明宪宗追谥『肃愍』，明神宗改谥『忠肃』。他与岳飞、张煌言并称『西湖三杰』。

▼《题公中塔图赞》

（明）于谦　收藏于北京故宫博物院

纸本，仿赵孟頫书体。原文：『余以巡抚奉命还京，道过都城东南之夕照寺。有僧普朗者，出其师古拙俊禅师所遗公中塔图并赞语，和南请余题。余惟师之是作，盖易所谓立象尽意者也。图以立象，而意已寓于象之中；言以显意，而象不出于意之外。所谓贯通一理而包括三教，因境悟道而舍妄归真者也。非机锋峻拔、性智圆融而深造佛谛者，乌足以语此哉。普朗能宝而藏之，日夕观象以求其意，则于真如之境也何有。焚香赞叹之余，书此数语以遗之。』

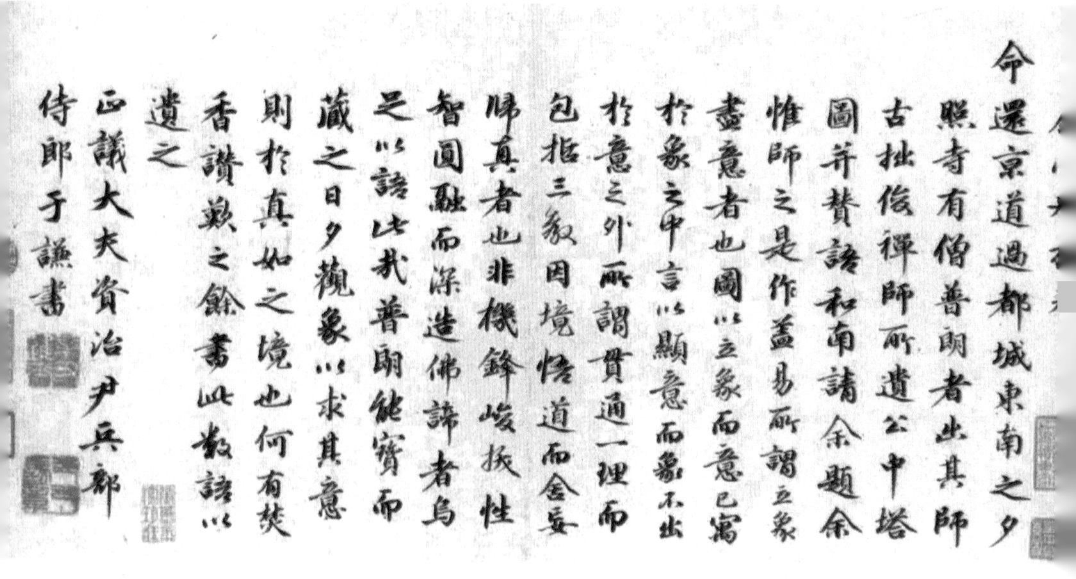

要留清白在人间。

写罢诗句，于谦想把诗中所描写的东西买回家中，顺便考考书童的文字功底，就把这首诗写到纸上交给书童，让他对照诗中所写上街买回以备家用。书童未解其意，以为主人让他去买编有这首诗的书，就拿着这首诗稿，跑遍了城中的每一家书店，结果无功而返。

于谦见第一个书童未达其意，就派第二个书童去买。这个书童反复琢磨诗中之意，然后胸有成竹地跑到街上，很快买回了一块磨刀石、一把铁钉子、半口袋麦子和豆子。于谦问他："你怎么理解这首诗，买这几样东西有何道理？"书童非常自信地回答说："磨刀石来自深山，历经千锤万击才变成它现在的模样；铁钉是用铁打成，曾遭到烈火焚烧，仍渴望成有用之物，这不是若等闲吗；麦子为了成为人们可食之物，忍受磨成面粉的煎熬，这是粉骨碎身浑不怕；豆子经过加工做成豆腐，洁白的豆汁当然是要留清白在人间。"于谦听后对第二个书童说："你说得有道理，但我要买的东西只有一样，不是四样。"

最后，于谦派第三个书童去买，这个书童先将这首诗认真地诵读了几遍，又反复思考、仔细推敲了一阵子，终于理解了主人的用意，然后跑出去买回了一筐粉白的家装之物。于谦看后非常满意，这正是他所需要的东西——石灰。

纪晓岚是清代的大才子，不仅善对对联，而且喜作谜语。他经常把两种形式结合起来，即用对联形式出谜语，因其谜面高深难懂，别人很难猜中谜底。有一年元宵节，皇帝和大臣们在文华殿猜灯谜取乐，纪晓岚为了助兴挥笔在一盏大宫灯上题写了一条谜联：

黑不是，白不是，红黄不是，和狐狼猫狗仿佛，既非家畜，又非野兽；

诗也有，词也有，论语也有，对东西南北模糊，虽为短品，也是妙文。

皇帝和满朝文武，东猜西猜也猜不出来，最后只得请教纪晓岚，纪晓岚说出谜底，原来正是“猜谜”二字。

上联说，黑白红黄都不是，那对应五色未提及的便是“青”，和狐狼猫狗相仿，这四种动物四个字都包含“犭”旁，合而为“猜”。当然这个东西既非家畜又非野兽。下联说，诗词论语都有，这四个字都包含“言”旁，东西南北模糊，方位自然难辨是个迷，言和迷合成为“谜”。“谜语”虽短，但却有趣，堪称妙文。这个对联谜，构思巧妙，匠心独运，出人意料，而谜底恰恰是“猜谜”二字，更显出题人谜面寓意之高明。

形象含蓄的俏皮话——歇后语

歇后语是俗语的一种，也叫“俏皮话”，它是一种特殊的幽默的语言形式，它是中国劳动人民在长期的社会实践和生活实践中发明创作的。歇后语在结构上分两部分，前半部分为喻体，可以理解为谜面，用形象的比喻表述内容，大都富于情趣，合乎情理；后半部分为喻意，是说明解释部分，一般字数少于前半部分，可以理解为谜底，是对喻体所述内容的解释说明，不做作，很妥帖，必须“一语中的”。喻体和喻意紧密联系，互为依存。[1]但歇后语的解读往往不能独立成篇，而依赖特定的语境，只有在特定的语境中，人们习惯从后半部分来理解这句话的真正意义，所以一般只道出前半部分，而省去后半部分，即“歇”去后半截，这就是“歇后语”的本质。

“歇后”这一名称最早出现于唐代。唐昭宗时，诗人郑綮常以俳谐而含蓄的语句作诗，讥讽时政，其诗最后一字，隐而不言，称“歇后”。郑綮在家中排行第五，因而有称其诗为“郑五歇后体”。[2]《旧唐书·郑綮传》：“綮善为诗，多侮剧刺时，故落格调，时号‘郑五歇后体’。初去庐江，与郡人别云：‘唯有两行公廨泪，一时洒向渡头风。’滑稽皆此类也。”又《新唐书·郑綮传》：“綮本善诗，其语多俳谐，故使落调，世共号‘郑五歇后体’。”“歇后郑五”的典故，便出于此。

若要追踪歇后语的由来，可以追溯到先秦时期，当时人们的语言表达中曾多次出现过这种语言现象。《战国策·楚策四》中便早有记载：“亡羊而补牢，未为迟也。”这句话由前后两个分句组成，前半部分意思是羊跑了没关系，赶快修补羊圈，后半部分是说还不算太晚，点出了要害。在远古时期，对于歇后语，并没有多少记录文字留下，可是它大多却已流行于民间，像“千里寄鹅毛，物轻人意重，复斋所载宋时谚也”，这句话出自钱大昕的《恒言录》。

歇后语之所以被民众所喜欢，是由于它语言诙谐、又有情趣，富有哲理，还给人以启示。此外，它的修辞手法多样，有谐音和比喻，更有双关，强化了语言运用的天真自然且富有艺术感染力。

---

〔1〕 马名超，王彩云．中国民间文学大辞典：上［M］．哈尔滨：黑龙江人民出版社，1996：70—71.

〔2〕 黄国乐．中国帝王故事画选［M］．上海：上海人民美术出版社，2012：54.

《闲雅如意图》轴

（清）陈洪绶

芭蕉叶下，男主人伏案品茶，石案上书籍画作、花瓶、香炉、文房四宝一应俱全，石桌正对面的女主人在缝制衣裳。画面设置舒适，展现出一副闲雅如意之感。

据《舌华录》记载：北宋大诗人梅尧臣是个才华非常出众的人，但一直郁郁不得志，因此难免愁怅郁闷，却又难以外泄。晚年他参与《唐书》编修，一次对自己的妻子刁氏说："吾之修书，可谓猢狲入布袋。"妻子刁氏则说："汝之仕宦，何异鲶鱼上竹竿。"在这里，梅尧臣用的便是歇后语，借此巧妙地说出了自己的心里话：参与修书是迫不得已，大受拘束，而妻子作为他的知己，也用歇后语指出他的仕途极难上进，暗暗地给他打了预防针。

由此可以看出，歇后语常常是用具体浅显的事去阐明抽象深奥的道理，而语言优美风趣，和谐畅达，大大增强了表达效果。

根据歇后语的表意情况，我们常常把它分为喻意和借声两大类。

喻意的歇后语前半部分是比喻，后半部分是对前半部分的解释，如：

哑巴吃黄连——有苦难言

泥菩萨过河——自身难保

大海捞针——无处寻

蚊子咬菩萨——认错了人

麻袋上绣花——底子差

擀面杖吹火——一窍不通

隔着门缝看人——把人看扁了

木头眼镜——看不透

石碑上钉钉子——硬碰硬

黄鼠狼给鸡拜年——没安好心

下雨泼街，刮风扫地——假积极

借声的歇后语，后半部分借助音同或音近的现象表达内容的意思。

这种说法妙语双关，其实表面说的意思与真正的意思是两回事。如：打破砂锅——问到底。从表面来看，前半部分“打破砂锅”与后半部分“问到底”，根本没有关系，其实是利用了“问”和“璺”的谐音。“璺”读“wen（去声）”，代表陶瓷、玻璃器皿上出现的裂纹。砂锅的特点是打破裂纹直到锅底，因此人们将“问”代替了“璺”，意思是打破炒锅也要一直追究下去。

借声的歇后语还有很多，比如：

孔夫子搬家——尽是书（输）

狗咬鸭子——刮刮（呱呱）叫

屁股上吊扫帚——尾（伟）大

半天云中吊口袋——装风（疯）

外甥提灯笼——照舅（旧）

小葱拌豆腐——一清（青）二白

上鞋不用锥子——真（针）好

隔着门缝吹喇叭——名（鸣）声在外

歇后语是在汉语基础上形成的一种独具风格的俗语，由于它生动活泼、幽默风趣，民众容易接受，且经常用于口头表达而流传至今。歇后语不宜在庄严的场合表达，有些格调低下的也不宜使用，但它也常被吸纳进通俗诗文、戏剧、曲艺及小说中，从而丰富了语言表现力和艺术魅力。

无意的尴尬——错别字

错别字是错字和别字的统称。错字，是因写错笔画或构件，成了根本不存在的字。别字，俗称“白字”，字本身没有错，是将甲字写成了乙字，这是在写字时受到了形、音、义的影响。如果在生活中、文章中用了错别字，不仅会给别人带来不便理解的问题，有时还会让自己陷入尴尬的境地，甚至遭受羞辱。

大文豪苏东坡任杭州知府时，不少文人雅士不断前来拜访，其中也不乏滥竽充数者。有一个读书人名叫白文秀，自命不凡，骄傲自满，最喜欢炫耀文才，殊不知常常通篇白字，语句不通，没有逻辑。有一天，白文秀苦思冥想终于拼成了一篇文章，自我感觉良好地送给苏东坡，并说："此乃拙作，望老师批点。"苏东坡接过文章，见题目是《读过泰论》，一时不得其解，思量了半天，仍不知要领，后来总算明白过来，原来是这位读书人把"秦"字下的"禾"错写成"水"即成了"泰"字。苏东坡无奈地大笑说："当年秦朝遭遇水灾，庄稼全被大水吞噬，怪不得呢！"

苏东坡看完后，把文章还给他，并且一句话也没说。白文秀却想顺势请苏东坡为自己写几句评语，以后好拿出来向别人夸耀一下，就求着说："老师，当下能赏识人才的人真是太少了，而嫉贤妒能者却多如牛毛，一篇好文章没有知名人士'推蔫'，就如同埋在地下的金子一般难见天日。因此，想请老师为我多美言几句。"

苏东坡听白文秀把"推荐（薦）"又读成"推蔫"，真是哭笑不得，于是在文稿上批了九个字："此文有高山滚鼓之妙！"

白文秀看完批语，沾沾自喜，还以为苏东坡在夸自己呢，连连称谢："劳骂，劳骂！"这个白字秀才，竟然把"劳驾"又说成了"劳骂"，还一点儿都不知道自己在大文豪面前已是丑态百出，兴冲冲取了文稿起身走了。

白文秀自认为受到苏东坡的夸赞，便时常拿他的批字到处炫耀。一些讨好奉承的人看见文稿不免假意奉承一番，而有真才实学的人，有的不屑揭穿真相，有的则暗暗嘲讽他的无知。看着他的张狂样，一个秀才最终没忍住，点透了真相："这哪有什么批语！没看出苏学士在给你出谜吗？"

"出什么谜？"白文秀呆住了。

"你想一想，鼓从高山上滚下来会发出什么声音呢？"

"噗通——噗通，不通——不通！"

听了这话，周围的秀才都笑出声来："哈哈哈！真是高山滚鼓之

《竹院品古图》

（明）仇英　收藏于北京故宫博物院

在院内竹林前设围屏和画屏，文人雅客群集于屏内欣赏古物，摆弄饰件。

妙——不通，不通！”

白文秀听完羞惭不已，只好挡住批稿，灰溜溜地跑开了。

明朝画家沈石田也曾遇到过这样一位白字先生。一天，他收到友人的一盒礼品外加一封书信，信上写道：“送上琵琶，请笑纳。”沈画师打开礼盒一看，原来是可以吃的枇杷果，而不是可以弹的乐器琵琶，便回信道：“承惠琵琶，听之无声，食之有味。”友人看了回信，明白自己写了白字，便作打油诗一首自我解嘲：

枇杷不是此琵琶，
恼恨当年识字差。
若是琵琶能结果，
满城箫管尽开花。

白字先生不仅古代有，近代也有很多。蔡锷出兵征伐袁世凯，这就是著名的护国运动，顾品珍将军奉蔡锷命令率军入川，进驻成都。顾的表弟王敬文听闻表哥做一方长官，就带着顾将军之父顾小瑜的书信想谋求个一官半职。推荐信上写着：“敬文机灵聪明，办事能力强，在家乡担任过团总，实在是屈才。能不能替他找一个县长的职位做一做，将自己的才能全部展现……”恰巧，当地也缺人才，顾军长便将表弟推荐给省民政厅，请考核录用。民政厅长金利容见过王敬文后，见其能说会道，口若悬河，又碍于顾将军介绍的情面，便安排他到涪（fú）州担任知事一职。颁发委任状时，新任职官员须按惯例当场自我介绍并宣誓。王接过委任状，便说：“陪州知事王敬文，愿效犬马之劳，以德报怨！”听完后，金利容倒吸一口凉气，这个敬文不但读错了音，还用错了成语，便说：“请兄台看清楚是什么州？”王敬文赶紧把委任状重看一下，慌忙改口：“啊！

《八哥枇杷图》（南宋）吴炳 收藏于美国纽约大都会艺术博物馆 纨扇页，绢本设色。

是倍州。”一屋子的人顿时全笑出声来。金利容风趣地说：“老兄，这既不是陪字，也不是倍字，而是涪（fú）字。你连涪字都不认得，还能让你不明不白地当州官吗？”王敬文当众出丑，已是斯文扫地，羞愧难当，但还故作若无其事状，抱拳拱手言道：“刺客兄，是王某一时眼花……”还没说完，又引得大家哈哈大笑，停都停不下来。金厅长也哭笑不得，很尴尬地说：“本人名曰利容，望兄台不要当‘刺客’看待！”当时便收回委任状，并告知了顾品珍将军。顾军长也无奈大笑，并作打油诗道：

欲作州官不识州，
时陪时倍费思筹。
家严是你好姑父，
莫把小瑜作小偷。

王敬文见书羞愧得无地自容，顾将军特意安慰他说：“表弟千里求官，作为兄长未帮忙成就愿望，只因为小材不能大用。弟还是先回乡一边耕作，一边读书，再作其他打算吧。”于是留他小住三日，送上路费40元，便打发回家了。

醇香的文字——酒令

中国文化源远流长，有一种喝酒助兴时特有的民俗文化称为“酒令”，前人又称之为“酒戏”“觥令”“觞令”，它是酒席上行酒助兴的方式，宴饮时宾客之间相互劝酒，是人们在酒席筵前所做的一种用来确定饮酒人数、杯数和次序等的游戏[1]。

这种游戏要求同席的人共同约定一种行酒方式，而且必须严格遵守执行。游戏时有一名令官，也称“觥录事”“觥使”，同席的人，不论

〔1〕 王宝明. 民间酒令及游戏［M］. 台北：星光出版社，1992：2.

辈分高低、年龄长幼、官职大小，都要听令官的号令，违反行令规则的人会接受令官的惩罚〔1〕。

酒令是我国有悠久历史和广泛群众基础的一种筵席文化。殷商时因饮酒无节制致误国，到周时以此为警戒，设立“酒正”，有“酒禁”青铜器皿，并编制礼乐，被称为始。春秋时期，鲁晋两国结盟，在饮酒吃饭时，晋国首领晋襄公写诗“菁菁者莪”，意思是故意降低本国的身份，与鲁国这个小国拉近距离。鲁国的首领鲁文公也回诗一首“嘉禾”以示感谢。战国时期，秦赵两国在渑池相会，赵国上卿蔺相如鼓瑟击缶，两屈秦君，都是酒令的一种表现形式。这样的例子还有许多，比如西汉时期汉武帝在柏梁台摆了酒席请大臣们作诗，要求每人说一句，连成一首诗，这叫作即席联句；北魏时节闵帝元恭宴请时写联句诗；唐朝时期唐太宗施行的歌舞及在酒宴上自娱自乐。中唐后期人们将歌舞表演融入酒宴，李商隐诗云“隔座送阄春酒暖，分曹射覆蜡灯红”，就表达了与中意之人在饮酒后行酒令射灯的欢乐，而白居易的“醉翻彩袖抛小令，笑掷骰盘呼大采”，说的则是酒桌行令游戏等，这些情景都可见当时酒令之盛〔2〕。

酒令包含三种形式：一是游戏令，二是赌赛令，三是文字令。这三种形式的展开与饮酒者的知识层次、地位身份、本人的情趣相关，饮酒之人可以随意想象创作，非常自由。

文字酒令与其他酒令一样，都是活跃酒桌气氛的好方法，文字令比较文雅，用它的人需要具备很好的文学素养。在酒桌上行文字令不仅是文采的较量，更能展现人的聪明才智及思维灵敏度。

古代文人聚会时喜欢摆桌饮酒并有行酒令，酒席上负责发酒令的人，

---

〔1〕 林继富 . 中国民间游戏总汇：语言文字卷［M］. 长沙：湖南文艺出版社，2016：8.

〔2〕 汪玢玲，张志立 . 中国民俗文化大观：下［M］. 长春：吉林人民出版社，1999：1104.

叫令官。令官可以是主人，可以是酒席上身份最高的人，也可以是大家推举的懂饮酒文化的人，叫作“饮材”。饮材必须有酒量，能服众，知识面广，擅长各式各样的酒令，还要契合大家的心思。一旦定好令官，就会由他主事，宣布规定并且由他出第一个酒令。令官出酒令后第一个应令文字令有捷令、限时令两种。捷令讲究的是按座次给谁倒酒，谁就要根据令官的指令马上回应，也可以扔骰子看数字是几就让几的人回应指令。限时令比如做诗赋之类，都是用点香来限定时间，如烧完半炷香还没有完成回酒令就要罚酒；也有用弹曲催促来回应令的，比如规定弹完一曲就要完成应令；也有用刻烛和击鼓的方法来限时的。令官行令前，须先喝完自己的“门杯”，就是门前杯；行令时则以公用（一般较大）的杯子罚酒，公杯中先倒满酒备用，叫“酒面”。每次行完令，又须喝完门杯，也可以稍微舔一下表示已沾酒，叫作“酒底”。

酒令的内容丰富多彩，既要求饮酒人有超强的知识面，又要求形式多样，细致到章句书目，虫鸟鱼花，可谓上至天文下到地理，无论四个节气的物候和气候如何，无论年少的还是年老的，许多有才华的人都会聚在 ·起，用这种方式饮酒作乐。酒令还可将语、曲、词、诗融为一体，采纳典故俗语为诗篇，随时编写随时吟诵，引喻贴切，思维天马行空；还可以杯随水流，任意流淌，流到人前即赋诗应令；还能使用多种修辞手法，不管长短，只要有趣、让人发笑的言谈均可。

自古以来文人学士中多有善酒令者，其中也不乏机智过人的名令。

清乾隆年间大学士刘庸退职回乡，当地的县令有些怠慢他。一次宴会上，刘庸提议大家行酒令以助兴，要求每首酒令用一首唐诗，附一句地方俗语，前后意思要相关。

刘庸先说：“一枝红杏出墙来：见一半，不见一半。”令中诉说了自己的不满，也含有责备县令的意思。

《文会图》

（北宋）赵佶等　收藏于中国台北『故宫博物院』

图中描绘了文人雅聚，喝茶饮酒赋诗的场景。画中9名文士围桌而坐，2人树下立谈，仆侍从9人，人物姿态生动有致。

四月流觞

选自《雍正十二月行乐图》 （清）郎世宁 收藏于北京故宫博物院

纵188.2厘米，横102.2厘米。这是一组表现雍正皇帝在圆明园的日常生活场景的作品组图之一。组图按四季12个月中不同的节令展开，共12幅。这幅画正是皇帝在四月举办的曲水流觞宴会，宴会上，皇帝与臣子喝酒吟诗，称为『君臣雅戏』。

一位士人接着说："旋斫松柴带叶烧：热灶一把，冷灶一把。"

县令说："杖藜扶我过桥东：我也要你，你也要我。"

大家都假借酒令吐露了自己的心思，化解了误会，这酒令一时之间流传甚广，被公认为是绝好酒令。

清代的吴棠也喜欢作酒令，他不但曾用酒令诉说了自己的不满，还凭酒令化解了眼前的危机，得以升任。

吴棠从小家境贫穷，但勤奋好学，少年时春风得意，很早便考中秀才，随后又在乡试中成为举人。但此后五次参加会考，都失意落榜。道光二十四年（1844 年），有幸被朝廷任命为清河（今淮阴）知县，从此走上仕途。

吴棠为官期间一身正气，廉洁正直，老百姓都很拥护他。他也为百姓解决了很多问题，因此得罪了一些贪官污吏和有钱有势力的人，他们

吃酒图

选自《陶冶图》卷 （清）王致诚 收藏于香港海事博物馆

清代银烧蓝暖酒壶

收藏于中国台北『故宫博物院』

银质壶，内外两部分组成

明代犀牛角酒壶

收藏于中国台北『故宫博物院』

把吴棠当作眼中盯肉中刺，一心想除掉他。吴棠经常说："为官不能失任，为人不能失品，勤理政事，为民做主。"因其治理地方井井有条，功绩显著，一生中留下了许多广为流传和值得称颂的故事。

有一次，有人告发吴棠贪赃枉法，所以皇上派钦差大臣下来调查。钦差大人到地方后，吴棠设宴为其接风，并邀请总督杨大人作陪。酒敬过三巡，菜过五味以后，杨大人为让现场气氛轻松一些，就提出行酒令，想借此说出事实并为吴棠说情。只见他干咳两声，清清嗓子，言道：

有水是清，无水是青，无水有心便是情，不看僧面看佛面，鱼儿无情水有情。

钦差大人听罢，率先鼓起掌来，赞道："好、好、好！"言毕稍作思索便续接一首：

木目成相，有心是想，无心添雨成霜，只扫自己门前雪，休管他人瓦上霜。

说话听声，锣鼓听音，杨大人当即领会了钦差大人的话外音，就是不让他替吴棠说好话。杨大人见此情形便采取了一个折中的办法，既不夸奖也不拍手，却看着吴棠说："吴大人，到你啦，对不上酒令可要吃罚呀。"

吴棠故意装作没听懂两人行酒令的用意，借此机会把心中的委屈发作出来：

有水是溪，无水是奚，无水添鸟成鸡，得势狸猫凶似虎，落毛凤凰不如鸡。

《慈禧太后朝服像》

佚名　收藏于中国台北『故宫博物院』

慈禧即孝钦显皇后（1835—1908年），咸丰帝的妃子，清同治帝的生母。她的一生经历了道光、咸丰、同治、光绪四位皇帝，发动了两次政变，共垂帘听政三次，掌握着清朝最大的权力，死后谥号为『孝钦慈禧端佑康颐昭豫庄诚寿恭钦献崇熙配天兴圣显皇后』，其谥号是大清众皇后谥号中最长的。

《咸丰皇帝朝服像》

佚名　收藏于中国台北『故宫博物院』

清文宗爱新觉罗·奕詝（1831—1861年），清朝第九位皇帝，入关后的第七位皇帝，年号咸丰。咸丰即位时的大清正处于内忧外患之际，国内起义不断，同时也正遭受外国的侵扰战争。庙号『文宗』，谥号『协天翊运执中垂谟懋德振武圣孝渊恭端仁宽敏庄俭显皇帝』，葬定陵。

花寿山石四灵纽『慈禧皇太后御览之宝』玺
收藏于中国台北『故宫博物院』

杨大人一听此令，吓得汗毛立了起来，睁大眼睛瞪着吴棠，赶紧拿起酒杯自圆其说："酒令行得不错，谁都不该吃罚酒，来，来，来，我们共同干了这杯。"哪料，钦差大人早已悟到吴棠酒令指桑骂槐之意，他和吴棠都没端酒杯，这可急坏了杨大人，便讪讪地说："好、好、好，这杯酒我先喝，我知道你们二位酒量不济，来，你们吃菜。"

宴席到此，钦差大人已经如坐针毡了，便借口长途跋涉疲劳难支，起身先告辞走了。钦差大人走后，杨大人愤怒地冲吴棠说："你怎么如此莽撞呢？钦差大人带着愤懑离去，不知后面还有什么好果子吃！"吴棠却不以为然说："我做事从来是光明正大，不坑害百姓，不做理亏的事，夜里睡觉都心安，管它是福是祸。"

果然，钦差大人回京后，便绞尽脑汁上奏，让皇上下令治吴棠死罪。慈禧看了治罪吴棠的奏折，听说了他们三人的酒令，又仔细分析了吴棠的为人，判定是狡诈之人诬陷，于是下懿旨给咸丰皇帝，不但要解除吴棠所谓的罪过，反而重用了他。

几天后，一道御旨下至清河县，皇帝钦点知县吴棠升任邳州知府，同时革去诬陷吴棠的士人职务，免为庶民。

相关链接

《说文解字》

《说文解字》，简称《说文》，作者是东汉文字学家许慎。此书历时 21 年完成，当时许慎在病中遣其子许冲将此著作献给了皇帝。

《说文解字》是中国语言学史上第一部分析字形、解说字源字意、辨识声读的字典。同时，它也是中国文献语言学的奠基之作。所以，《说文解字》一成书，就深受历代学者重视，后世所说的文字、音韵和训诂之学，总体上没有超出此书所涉及的范围。此书共收录了单字 9353 个，另有异体字 1163 个，附于正字之末，并把这些字分别归在 540 个部首之中。此外，许慎还发展了“六书”理论，明确地为“六书”下了定义，并逐一分析本书所收录的所有汉字，这在汉字发展史上有着承前启后和继往开来的意义，确立了汉字研究的风格和特色。

《说文解字》比较完整而系统地保存了一部分籀文和小篆，是我们认识甲骨文和金文的桥梁，而且，此书的训解更是我们整理古籍的重要依据。所以，《说文解字》在今天仍有着不可估量的学术价值和实用价值。

《说文解字》的最早刊刻者是唐朝大历年间的李阳冰，但其中掺杂了不少臆说。南唐末年，徐铉、徐锴兄弟精研此书，徐锴首次为其作注，世称“小徐本”。宋太宗时，又命徐铉校定，世称“大徐本”。后人研究《说文解字》，多以“大徐本”为基础，同时参校“小徐本”。如今，这两个版本均有中华书局的影印本。

第六章 哭泣的文字

竹简上的血迹：崔杼弑君

东周时期，齐国右相国崔杼谋杀了齐庄公。齐庄公不守君道，好女色。崔杼喜欢棠公的老婆，所以霸占了她，而齐庄公也对她情有独钟，更与她私通，并且还把崔杼的帽子拿出来赏人，对他大加羞辱。崔杼忍无可忍，便在家中设圈套杀了前去偷情的齐庄公，拥立了齐景公。

崔杼命令齐国的太史伯在史册上隐瞒此事另外做文章，写成："齐庄公死于疟疾。"太史伯不接受，在竹简上写道："夏五月乙亥，崔杼

清代彩轴瓷文官
收藏于美国纽约大都会艺术博物馆
高 41.3 厘米

谋杀了国君齐庄公。”崔杼看后大怒，杀死了太史伯。当时的史官都是世袭的，太史伯有两个弟弟，叫仲、叔，仲接任太史，在史册上写下了同样的记录，崔杼又将他杀害了。轮到叔，崔杼扯着叔在写的竹简，说：“你的两个哥哥都死了，你难道不爱惜生命吗？如果你在竹简上换一种说法，我就可以免你一死。”太史叔回答说：“据事直书是史官的职业，失职而生，还不如你杀了我！过去赵穿谋杀晋灵公，太史董狐认为，赵盾身为当时相国，却没有将赵穿治罪，必定是幕后主谋，遂写道：‘赵盾谋杀国君晋灵公。’赵盾不以为怪，因为他知道史官的责任——就算我不记录，天下还会有敢讲真话的人。史册不载，并不能掩盖相国的丑行，倒给知道真相的人留下了笑柄。所以，我不怕死，请相国定夺！”

崔杼被太史三兄弟的凛然正气震慑住了，叹了一口气说：“我为了国家利益，不得已出此下策。虽然这么记进史册令我难堪，但人们一定会谅解我。”于是他将竹简扔还给太史叔，也留下了这段史实。

据说，太史叔拿着竹简在史馆前，遇到了匆匆赶来的南史氏。太史叔问他来干什么，南史氏说道：“听说你们兄弟都死了，没了夏五月乙亥大事的记录，于是就拿着竹简过来接替你们了。”太史叔拿出自己的记录让他看，南史氏才放心地离开。

崔杼因为齐太史兄弟如实记录了他弑君的事实，便杀了二人。因直书史实而丧命，这也算得上非常残酷的文字之祸了。“文字狱”一发源便规模不凡，之后随着专制集权的升级，成为封建社会禁锢文人思想和巩固统治的工具。

门上『活』和『一盒酥』：杨修之死

杨修是东汉末年著名的文学家。他出身名门，才华横溢，曹操非常器重他。可惜，他气高才傲，最终因惹恼了喜怒无常的曹操，惨死在屠刀之下。

有一天，曹操命人在许都建造丞相府，完工后他亲自去验看。看完后什么都没说，只是在丞相府的大门上写了一个“活”字，便走了。负

曹操脸谱

选自《百幅京剧人物图》册　（清）佚名　收藏于美国纽约大都会艺术博物馆

曹操（155—220年），字孟德，东汉末年的权臣，手握重权，曹操以汉天子的名义，四处征战，统一了北方地区，为后面曹魏政权打下了基础，去世后谥号为武王。

刘备脸谱

选自《百幅京剧人物图》册　（清）佚名　收藏于美国纽约大都会艺术博物馆

刘备，字玄德，东汉末年幽州涿郡涿县（今河北省保定市涿州市）人，三国蜀汉的开国皇帝，谥号昭烈皇帝。据载刘备是汉朝的皇室宗亲，汉中山靖王刘胜的后代。

责建造的监工看后一头雾水，只好来请教杨修。杨修得知后，洋洋自得地说：“在‘门’内加一‘活’字，就是‘阔’字。看来，丞相是嫌府门太宽大了，你们应该把门修窄些。”于是，监工便照杨修的说法对大门进行改造重建。之后再请曹操去看，曹操看后非常满意，得知是杨修说明了修门的用意后，好妒的曹操虽嘴上表示称赞，但却心生芥蒂。

又有一次，身为西凉刺史的马腾派人专门来给曹操进贡，献上了一盒酥。曹操知道这是名品，非常高兴，就亲自在盒子上写了“一合酥”（当时没有“盒”字，只有“合”，“合”通“盒”，为通假字）三个字，放在桌上，准备慢慢享用，然后就出去办事了。过了一会儿，主簿杨修进来，看见了这三个字，他不禁眼睛一亮。于是二话没说就打开盒盖，将酥分给大家品尝，每人吃了一口酥。

唐三彩文官、武官俑
收藏于美国纽约大都会艺术博物馆

事后，曹操发现那盒酥被吃光了，就查问众人，问后才知道，原来是杨修的主意，便亲自询问：“你为什么要把那盒酥擅自分给大家吃？”杨修答道：“丞相不是亲自在盒子上写着‘一人一口酥’吗？我哪里敢违抗丞相的指示呢！”原来，杨修把曹操写的“一合酥”的“合”字拆为“人一口”，读起来就是“一人一口酥”

的意思了。曹操有些生气，但当着众人的面又不便发作，只能装笑点了点头，心里则把杨修给记恨上了。

后来，曹操和刘备在汉中交战，双方僵持不下，一连打了好几个月。渐渐地，曹军的粮草有点供应不上，于是，曹操就有心要退兵。可是，就这样无功而返，既丢面子，曹操也不甘心。一天晚上，曹操在吃饭，军令官进来请示今夜的口令。曹操正在啃一根鸡肋（鸡骨头），就随口应道："鸡肋！"杨修一听到这个口令，就对众将说："鸡肋者，食之无肉，弃之可惜。现在，汉中好比是鸡肋，丞相不日便会退兵。"于是，军队赶紧打装行李，遵旨撤兵。曹操听闻后非常愤怒，就以"扰乱军心"为由斩了杨修。然后，曹操强令全军进攻刘备，结果中了敌军的埋伏，自己也中了一箭，差点儿丢了性命。至此，曹操后悔不已，便下令好生安葬了杨修。

杨修之死从表面上看来，是因为他"恃才狂放"，摆弄小聪明，遭"嫉贤妒能"的曹操记恨，所以在征汉中时被曹操找借口杀害。其实，杨修的死是因为他参与了历代君主最为忌讳的"立太子之争"。当时，曹丕和曹植为太子之位争执不下，而杨修是曹植的密友，无条件支持曹植。最后，曹操立了曹丕做了太子，曹植失去了继承王位的机会，杨修被杀也符合常理。

说到故事中的文字原理，"门""活"之"阔"与"一盒酥"之"每人吃一口酥"都是一种析字隐语，前者是组合，后者是析离[1]。比如《儒林外史》第三十二回中张俊民道："胡子老官，这事在你作法便了。做成了，少不得言身寸。"王胡子说道："我哪个让你谢……"所谓"言身寸"这三个字正是"谢"字析离的运用。

---

〔1〕 朱宁虹 . 汉语文字传奇：中国文字语言的故事［M］. 北京：中国戏剧出版社，2009：292.

朱元璋的『表笺文字狱』

明太祖朱元璋是中国历史上出身最卑微的皇帝。他家境贫寒，声望低下，文化水平不高，所以内心深处有一种很深的自卑感，也因此格外在意别人对他的看法和说辞。朱元璋不喜欢人家提起他曾经给人放过牛、当过和尚，或者参加过农民起义。等做了皇帝之后，他非常忌惮文人的言辞，若是觉得文人在借机讽刺自己，就会百般揣度他们的言下之意；如果臣子们的言辞不中听，他便会大行杀戮。因此，当时有不少文人因荒谬的文字之祸而惨遭冤狱。

因为当过和尚，所以朱元璋很忌讳“僧”“光”“秃”之类的字，他又是从红巾军起家的，而红巾军曾被称为“贼”，所以，他就不只是恨“贼”字，连发音相似的“则”字也一并在厌恶之列。

明朝初年，朝廷曾有规定：凡是遇到正旦（岁首）、冬至、皇帝生日等节日，以及册立太子、太孙等庆典，各级官府必须上表笺祝贺。这些表笺主要是由官府的训导、学正之类的官员写成的，本来是官样文章，都是阿谀奉承之词，谁也不会特别在意。谁知，朱元璋对此却特别计较，总是戴着“有色眼镜”去阅读这些文章。因为他读书不多，对字音字义、用典等也不太明白，所以，有很多官样文章经他一读，竟都成了语含讥讽的文章。就这样，绝大多数的训导、学正都成了他的刀下之鬼，据说天下逃过此难的只有蒲州学正一人，可见其罗织“文字狱”的可怕之处。

朱元璋制定了不少文书档案工作的法规条文[1]，虽然规范了公文格式，但自此“表笺文字狱”也大行其道。

洪武六年（1373 年），朱元璋下令制定表笺法式，规定以柳宗元的《代柳上绰谢表》、韩愈的《贺雨表》为范本，提倡表笺类公文简洁明快，禁止使用骈俪文。

洪武九年（1376 年），朱元璋下令中书省制定颁布了《陈言格式》，并亲笔作序，要求百官：“言者陈得失，无繁文。”

洪武十二年（1379 年），颁布了《案牍减繁式》，规定发文的样式要少且精，尤其是公文语言要通俗易懂，以防止吏员利用公文舞弊弄权。

洪武十四年（1381 年），正式颁布了《表笺定式》。重申表笺文不得采用骈俪体式。同时规定避讳依古礼，不必过分严格，但必须回避

〔1〕 杨剑宇 . 中国秘书史［M］. 上海：上海人民出版社，2018：251.

朱元璋坐像

选自《历代帝后像》轴　佚名　收藏于中国台北『故宫博物院』

朱元璋布衣出身，是明代的开国皇帝，年号『洪武』。在位时奖励农耕，鼓励种植经济类作物，兴修水利；政治上，整顿官吏，惩治贪官污吏等，使社会得到了进一步的发展，史称『洪武之治』。

▼**《大军帖》**

（明）朱元璋　收藏于北京故宫博物院

纵33.7厘米，横47.4厘米，行书，169字。此帖是朱元璋写给部将的一封关于如何妥善安置元朝官吏的信。

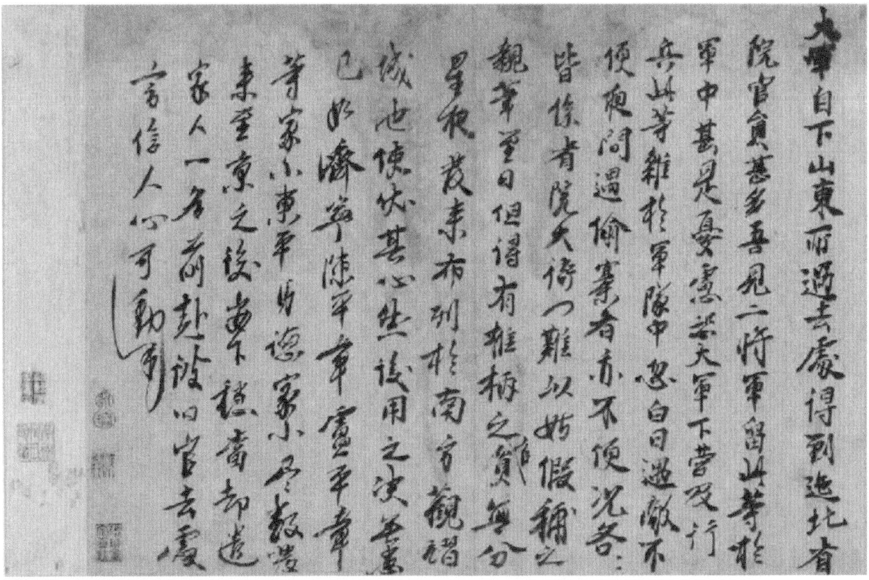

“凶恶”字样，如“死”“伤”“亡”“绝”之类。

洪武十五年（1382 年），朱元璋颁布《行移署押体式》《行移往来事例》，并下令实行诸司勘合制。

虽然这些规定避免了臣下无意间碰触朱元璋的“痛点”，但难以避防的是他既不明说，但又非常在意某些不起眼的字眼。如“生”（僧）、“则”（贼）之类。“表笺文字狱”兴起后，官僚士大夫都非常恐慌，经常有人造谣说：“广文御囚，撰表墓志。”意思就是说文官最后都成了阶下囚，等着为自己撰写墓志。

还有一些更加令人发指的“文字狱”，而且这些都是有史记载的，如下面讲到的：河南尉氏县教谕许元为本府作《万寿贺表》，里面有八个字：“体干法坤，藻饰太平”，其中“法坤”被朱元璋读成“发髡”，这意思就是骂他朱元璋是“秃驴”，而“藻饰太平”谐音意为“早失太平”，暗指朱皇帝的江山不保，自此，许家满门被抄斩，惨不忍睹。

杭州府学教习徐一夔替杭州知府作《贺表》：“光天之下，天生圣人，这世作则。”这几句就触犯了朱元璋，他认为“光”就是“秃”，好像在影射他做过和尚；而“则’和‘贼’读音相似，意思说他参加过农民起义，当过贼寇。大臣们异常惊讶、惶恐，果然没几天，徐一夔就被斩首了〔1〕。

陈州训导周冕曾作《万寿贺表》，其中有一句叫“寿域千秋”，这听起来本来是一种巴结皇帝的好词儿，可是朱元璋并不这么看，他把“寿”附会为“兽”，又不认识“域”字，把“域”读为“或”字，而“或”字又和“祸”字同音，祝皇帝“兽祸千秋”，因此也丧命。

德安县训导吴宪作《贺立太孙表》：“天下有道，望拜青门。”结

〔1〕 盛乐．中国历代悬案疑案奇案大全集［M］．北京：新世界出版社，2011：194—195.

果，朱元璋嫌其隐言“有盗”，借“青门”暗讽寺庙，也了结了他的小命[1]。

在一年冬至前，北平府学训导林伯瑾写了一篇《贺冬节表》，其中一句诗本来是拍马屁的词句：“垂子孙而作则。”这句话不但歌颂了朱元璋，也歌颂了朱元璋的子孙。可是，朱皇帝依然把“则”看成“贼”，林伯瑾也因此被杀。

洪武二十九年（1397 年），杀人如麻的朱元璋终于动了慈悲之心，命翰林学士刘三吾制定了一份《庆贺谢恩表笺成式》，使臣下遵此而行。从此，各地表笺都用相同的字句，只是落款签署衔名有所区别。这样虽对教官们的文才有所埋没，却也使他们免于枉死了[2]。

---

〔1〕 东方传统文化研究院华夏文化研究所 . 中华法案大辞典［M］. 北京：中国国际广播出版社，1992：550.

〔2〕 谢苍霖，万芳珍 . 三千年文祸［M］. 南昌：江西高校出版社，2015：283.

方孝孺拒草诏，被诛十族

常言道，“有其父必有其子。”刚愎自用的明太祖朱元璋也生了个杀人如麻的儿子，名叫朱棣。朱棣是明太祖朱元璋第四子，他10岁被封燕王，镇守北平。后来，朱元璋死了，朱棣看着自己的侄儿建文帝软弱可欺，就起兵造反。朱棣以“清君侧”为名发兵“靖难”，意图夺取皇位。三年之后，他攻占京师（今江苏南京），最后把建文帝赶下台，自己当了皇帝，改年号为永乐。

朱棣虽然当了皇帝，但是总觉得自己的皇帝位子来得并不光彩，应该找一个有名望的文人写一份《登基诏书》，对死去的父亲朱元璋和活着的大臣都有个交代。于是，朱棣就找来了当时颇有名望的文人——方孝孺，吩咐他写一份诏书。方孝孺是宁海（今属浙江）人，字希直，又字希古，曾以“逊志”名其书斋，蜀献王替他改为“正学”，因此世称“正学先生”。

方孝孺曾经跟随宋濂学习，他的文章和学问在宋濂的所有弟子中最为突出。方孝孺认为，作文讲求的是“神会于心”，反对抄袭，文章风格雄伟豪放。《四库全书总目》中说到了他的学术成就，把他的学术成就叫作“学术醇正”，文章“乃纵横豪放，颇出入于东坡、龙川之间”。他的散文总是意顺畅达，晓之以理，动之以情，简明直率，为世人所称颂。例如《指喻》一文，指出“天下之事发于至微而终为大患”，形容不好的大事发生，常常是由于一开始的一些小事情而发展起来的，他“拇病为戒”，劝告人们对什么事情都要做好打算，防患于未然。他轻文艺，重教化，以明王道、致太平为己任。洪武二十五年（1392年），方孝孺任汉中府教授，蜀献王聘他为世子师。惠帝时任翰林侍讲，当时《太祖实录》《类要》等书皆由他总裁。惠帝建文元年（1399年），燕王朱棣发动争夺皇位的战争，惠帝廷议讨伐，诏檄也都出自方孝孺之手。

方孝孺觉得，朱棣的皇帝之位名不正言不顺，是夺来的，所以不忠不孝大逆不道，于是他写了“燕贼篡位”四字。看了这四个字，朱棣十分恼怒，他质问方孝孺：“你究竟写不写？你要是不写，我就灭了你的九族！”哪知方孝孺是个有志气的人，义正词严地说：“你尽管灭九族吧，你就是灭了十族，我也不能写！”朱棣听后，勃然大怒，竟真的下令灭掉他的十族。

众所周知，历朝历代犯罪连坐最多也就是灭九族。但是，朱棣竟连

《明成祖坐像》

佚名/原作　此为（民国）杨令茀摹本　收藏于中国台北『故宫博物院』

朱棣，明太祖朱元璋第四子，原为燕王，后发动『靖难之役』，从侄子建文帝朱允炆手中夺位，年号『永乐』，谥号『文皇帝』，庙号太宗，后改『成祖』。

《明代名臣小像》

（清）佚名　收藏于沃尔特斯美术馆

八位明代忠贤臣子的画像

1. 冯德三像
2. 沈鼎臣像
3. 史可法像
4. 唐司勋郎罗公隐
5. 杨公元像
6. 右军彭德先像
7. 御史宋公学像
8. 赵立本像

1	2	3
4	5	6
7	8	

方孝孺的学生也诛杀了，在此一案中，一共杀了方孝孺十族总计 847 人。

相传，当年燕军南下时，朱棣的军师姚广孝曾经叮嘱他，不到万不得已，不能杀方孝孺：“你做了皇帝后，一定要设法让方孝孺出来为你做事，但是方孝孺肯定不会听你的话。这时，你一定不要杀他。如果你杀了方孝孺，天下‘读书种子’就灭绝了。”当时，朱棣满口答应。可是，暴君终究是暴君，方孝孺最终还是被灭了十族，成了令人悲痛的“文字狱”牺牲者。

海瑞曾在《方孝孺临麻姑仙坛记跋》中，将方孝孺与颜真卿相提并论，并高度评价其书法与人格。颜真卿与方孝孺皆为忠臣烈士，书法造诣都颇高，且二人书如其人。方孝孺曾临摹颜真卿书法，可谓前师后学。海瑞本身的书法即有很高的造诣，他从结体、运笔、呼应三方面评论了方孝孺的书法：“此卷临《仙坛记》大字本，字里行间有寻丈之势。折钗屋漏，亦隐跃纸上，并有抽刀断水之妙。始谓忠臣烈士，无论何艺，时时流露性情。”“寻丈之势”指大字的结体遒劲舒展气势雄伟。“折钗屋漏”，都是书道笔法，折钗指转角之笔画圆劲而力均，如钗之屈折；屋漏指运笔顿挫，如水在墙上流下，自然生动，没有起笔和停笔的痕迹；“抽刀断水”指字与字之间运笔顿挫，语出李太白诗句“抽刀断水水更流”，这里指字与字之间似断实连，互相呼应[1]。最后，海瑞更是赞叹了方孝孺的气节和品质决定了其书法的高度。

〔1〕 夏咸淳．中国古代文苑精品［M］．上海：东方出版中心，1996：113—114.

不同的岳字

公元1722年，康熙皇帝驾崩，第四子胤禛即位，即雍正帝。雍正帝和康熙帝不同，他猜忌心很重，即位后不再施行康熙皇帝时期的“宽仁”统治，而是开始实行“严苛”统治，对不顺从自己的朝臣极力镇压，动辄关进大狱，而最残酷的打击方式就是随意制造“文字狱”。

据记载，当时有一位才华出众的书生，因阴雨天连绵不断，家中的藏书发霉了，有一天在出太阳的时候，书生就把书搬到屋外面晾晒，为尽快晾干，书生把发霉的书一页一页摊开来，恰时清风来袭，把翻开的书页又吹到了一起。目睹此情此景，书生顿时来了灵感，写了一句打油诗：“清风不识字，何必乱翻书。”这首诗乍看一下没什么特别之处，但是却被谄媚之人曲解原意，告上朝廷。雍正得知后说道：“这书生分明是在讽刺当朝大清天子‘不识字’！我怎能容他？”于是，便将这位书生打入死牢，处以极刑，书生就这样含冤而去。

《董其昌书王维诗》轴

（清）康熙/临摹　收藏于上海博物馆

康熙帝临摹书法的对象，他最喜爱的是明代书法画家董其昌的书法。董书运笔流畅，风格洒脱。临摹的内容为王维诗句：『家住孟津河，门对孟津口。尝有江南人，寄书家中否。』印有康熙的『康熙宸翰』『敕几清晏』二印，题首为『日镜云伸』印。

《康熙帝便装写字像》轴

（清）佚名　收藏于北京故宫博物院

纵50.5厘米，横31.9厘米。图为康熙皇帝身着便服坐在桌子旁，一手拿毛笔，一手抚宣纸，准备写字的场景。康熙皇帝自幼喜好书法笔墨，喜临摹古代书法大家的书法。王羲之、颜真卿、苏轼、米芾等都是他临摹的对象。

历史上，清朝“文字狱”案相对较多，雍正一朝的“文字狱”案不但数量甚多，且十分离奇，甚至疯子说疯话都会涉罪。据说有个叫刘三元的书生，平日疯疯癫癫，有一次疯癫过头，说自己梦见“神道对我说，我乃汉朝后裔，要天下官员扶持”，他不但逢人就讲，而且把这些话写成文字让他人传抄。这件事传到了雍正耳朵里，他不论真假，立即责令督抚把刘三元以大逆之罪凌迟处死。

在雍正当朝的所有“文字狱”案件中，影响最大的是“曾静—吕留良案”。

吕留良，浙江人，著名学者，明末清初曾参加反清斗争，由于没有成功，就隐居在家乡办学讲书。因学问渊博、颇有声望，当时就有人推荐他上京参加“博学鸿词”科考试，但他因为不愿为清廷效力，就婉言拒绝了。当地的官员对他也非常看好，软硬兼施催他参加科举考试，但他固执坚守，为逃避各方劝说，最后竟然索性躲进庙里，剃头当了和尚。吕留良做了和尚后，仍然不改反清复明主张，他把主要精力都用来著书立说，写了很多文章，但因为环境条件所限，流传于当时社会的却为数不多。

一个叫曾静的湖南人，偶然读到了吕留良的文章，非常钦佩他的才学，就专门派学生张熙去吕留良的老家浙江，搜寻他遗留下来的文稿。张熙一行到浙江后收获颇丰，不但打听到文稿的下落，还结交了吕留良的两个学生，一同整理他所遗文稿。曾静、张熙和吕留良的两个学生也主张反清，因此常常相聚在一起秘谋。可是，此事非同小可，靠几个读书人肯定不行，必须联络更多有实力的人士加入。想来想去，曾静决定优先游说陕甘总督岳钟琪，岳钟琪是岳飞的后人，曾在讨伐叛乱时立了战功，因此深受雍正重用，是个手握几十万军队的汉臣，若能劝其反清，极有胜算。

《雍正帝读书像》轴

（清）佚名　收藏于北京故宫博物院

爱新觉罗·胤禛（1678—1735年），清朝第五位皇帝，定都北京后的第三位皇帝。雍正帝在位期间，勤于政事，改革整顿财政，加强对少数民族的统治等，对历史上『康乾盛世』起了至关重要的纽带作用。1735年去世，庙号『世宗』，谥号『敬天昌运建中表正文武英明宽仁信毅睿圣大孝至诚宪皇帝』，葬于清西陵泰陵。

于是，曾静写了一封信，派张熙去见岳钟琪。岳钟琪拆开信一看，见是劝说他反清复明的，惊出一身冷汗，责问张熙："你到底是干什么的？竟敢送这样大逆不道的信？"张熙早有所料，不紧不慢地反问道："将军，难道您不想报跟满洲鞑子的世仇吗？"岳钟琪不解其意，说："何出此言？"张熙答道："将军是南宋岳武穆王（即岳飞）的后代，现在的雍正皇帝的祖先正是金人。想当年，贵先祖岳飞正是被金国人勾结秦桧害死的。现在，您手握重兵，难道不想替岳王报仇吗？"岳钟琪一听此话，顿时就翻了脸，立即派人把张熙打进监牢，拷问他受了谁的指使，同伙是谁，胆敢如此冒天下之大不韪。那张熙也非懦弱之人，尽管已经受尽了酷刑，还是什么都没有供述。岳钟琪见张熙是条汉子，来硬的不行，就只能来软的。这天，他假意把张熙放出来，在密室接见了他，还假惺惺地说："以前的审问，只是试探你是否虚言反说。听了你的话，我十分感动你对明朝的忠心，决心追随先祖岳王遗愿，起兵推翻雍正皇帝，希望你多帮帮我！"

张熙刚开始也不怎么相信他的鬼话，但那岳钟琪老奸巨猾，不仅谎话连篇，还在神明面前赌咒发誓，张熙也就轻信了他。这样一来，张熙就把所有的事情都说了出来，连他的老师曾静也一五一十地抖了出来。岳钟琪得悉背后真相之后，一面继续用谎言安抚张熙，一面立刻写了一份奏章，把曾静、张熙图谋造反的事情全都报告给了雍正帝。雍正帝接到奏章后震怒，立刻一面行文湖南省，迅速逮捕曾静，另一面命岳钟琪立即将张熙押解送到北京，严刑审问。直到这时，张熙才知道自己上了岳钟琪的当。

这样一来，案子就"顺藤摸瓜"地牵连到了吕留良。虽然吕留良已去世多年，但祸事是由他的文稿引起的，自然该被视为"祸首"。因为吕留良崇拜者众多，所以此案"文字狱"牵连的人也非常多，要追查审理，

岳飞像

选自《历代帝王圣贤名臣大儒遗像》册 （清）佚名 收藏于法国国家图书馆

岳飞（1103—1142年），南宋抗金名将，率领岳家军同金军进行了数百次战斗，为宋朝收复了很多被金占领的失地，曾题诗："靖康耻，犹未雪，臣子恨，何时灭！"将军岳飞主战，宰相秦桧主和，最后却因"莫须有"的罪名而被处死。宋孝宗即位后，追谥武穆、忠武，封鄂王。

自然就要大费一番周章。而曾静谋反案和吕留良文字案本来就牵藤连丝，要并案审理，案情自然复杂难断，加上朝廷准备将案情及皇上的谕旨昭示天下，以达到在意识形态上让民众对清廷统治地位认同的目的，故而经过了四年多时间，直到雍正十年（1732年）年底才最后结案[1]。结果是吕留良被掘坟示众，吕留良的子孙及那两个学生被满门抄斩，许多读过吕留良文稿的人也受到了牵连，被流放到黑龙江去充军。

〔1〕 江祖桢.中国古代诗案［M］.武汉：崇文书局，2018：279.

相关链接

文字狱

文字狱，是统治者为了维护自己的统治，用暴力来打击异己分子，镇压那些与自己观念相悖者，从而制造出来的一些因为言论而犯罪的案件。

在春秋战国时代，中国的思想界活跃无比，当时有百家学说盛行，儒家学说的流行程度甚至还比不上墨家，孔子的门下也是冷冷清清。

等到秦始皇嬴政统一了天下，为了便于统治，便一把火将“诸子百家”的书全都烧了，还把 400 多位儒生和方士都给活

董仲舒像

[日]佚名 收藏于美国洛杉矶县立艺术博物馆

汉武帝时期的朝臣，著名的思想家、教育家。汉景帝时任博士，讲授《公羊春秋》。他系统地提出了『天人感应』『大一统』『三纲五常』等学说，主张『罢黜百家，独尊儒术』，使儒学成为中国古代各朝的正统思想。

埋了。秦始皇自以为这样可以统一国人的思想，稳固江山，政权及至万世子孙。可惜没几年，曾经强盛一时的秦王朝便土崩瓦解了。

到了汉武帝时，他采取了相对和缓的办法，即“罢黜百家，独尊儒术”，用儒家思想来一统天下。到了隋唐，统治者建立了科举制度，要想当官，不仅要接受儒家思想，还得熟读“五经”才有出路。之后，宋、元、明、清各个朝代都利用科举制度来选用人才，儒家思想也一直处于正统地位。

总之，“文字狱”的历史就是思想被压制的历史，也是老百姓被愚化的历史。